DITADURA MILITAR

DITADURA MILITAR

Nove ensaios sobre
a política brasileira

Adriano Codato

70

DITADURA MILITAR
NOVE ENSAIOS SOBRE A POLÍTICA BRASILEIRA

AUTOR: Adriano Codato

DIRETOR DA ALMEDINA BRASIL: Rodrigo Mentz
EDITOR: Marco Pace
EDITOR DE DESENVOLVIMENTO: Rafael Lima
ASSISTENTES EDITORIAIS: Larissa Nogueira e Letícia Gabriella Batista
ESTAGIÁRIA DE PRODUÇÃO: Laura Roberti
REVISÃO: Gabriel Branco e Alex Fernandes
REVISÃO TÉCNICA: Nilton Sainz

DIAGRAMAÇÃO: Almedina
DESIGN DE CAPA: Gabriela Koentopp

ISBN: 9786554270687
Maio, 2023

Dados Internacionais de Catalogação na Publicação (CIP)
(Câmara Brasileira do Livro, SP, Brasil)

Codato, Adriano
Ditadura militar : nove ensaios sobre a política
brasileira / Adriano Codato.
São Paulo : Edições 70, 2023.

ISBN 978-65-5427-068-7

1. Democracia – Brasil 2. Ditadura militar
3. Forças Armadas 4. Golpes de Estado – Brasil
5. História do Brasil I. Título.

23-146818 CDD-320.98108

Índices para catálogo sistemático:

1. Brasil : Ditadura militar : História política 320.98108

Eliane de Freitas Leite – Bibliotecária – CRB 8/8415

Este livro segue as regras do novo Acordo Ortográfico da Língua Portuguesa (1990).

EDITORA: Almedina Brasil
Rua José Maria Lisboa, 860, Conj. 131 e 132, Jardim Paulista | 01423-001 São Paulo | Brasil
www.almedina.com.br

Para Fábia,
que também sabe sobre esses militares

"O inferno dos vivos não é algo que será; se existe, é aquele que já está aqui, o inferno no qual vivemos todos os dias, que formamos estando juntos. Existem duas maneiras de não sofrer. A primeira é fácil para a maioria das pessoas: aceitar o inferno e tornar-se parte deste até o ponto de deixar de percebê-lo. A segunda é arriscada e exige atenção e aprendizagem contínuas: tentar saber reconhecer quem e o que, no meio do inferno, não é inferno, e preservá-lo, e abrir espaço".

ÍTALO CALVINO, As cidades invisíveis

PREFÁCIO

O livro de Adriano Codato, *Ditadura militar: nove ensaios sobre a política brasileira*, começa acertando no título ao associar o governo ditatorial encabeçado pelos militares à própria dinâmica do sistema político brasileiro. Nos nove ensaios percorre as antevésperas do golpe, seu desenlace reativo, o fechamento propositivo do regime, as políticas econômicas e as relações dos militares com a máquina administrativa federal, especialmente com as chamadas áreas de excelência destinadas a cuidar da economia e das finanças. O livro destina ainda parcela substancial de suas páginas a pensar a transição e o formato que tomou o novo regime pós-ditadura. Parte do ponto de vista de que, assim como o golpe não previa o regime, os processos visando à transição não asseguravam de antemão que tipo de governo e de regime iríamos ter depois da ditadura.

O golpe de 1964 marcou de forma indelével tanto a política como as Ciências Sociais no Brasil. Assim como a Revolução Francesa de 1789 representou uma divisa para a França e a Europa se repensarem intelectualmente, esse golpe nos fez reler velhos livros com redobrada atenção, aprender a pesquisar com novas fontes e metodologias e forjou a revisão e a criação de uma série de conceitos em torno de ditadura, golpes, transições e democracia. Mais do que isso, lembre-se, incentivou-nos a pensar a política de forma comparada e a ficarmos mais atentos aos debates internacionais que indagavam sobre a emergência da onda de autoritarismo pelo mundo. Este livro, de forma criativa, segue na trilha de novas contribuições para discutir a temática e o País.

Independentemente de seu caráter mais ou menos militar, o fato é que depois do golpe de 1964, o Brasil enfrentou 21 anos de governo de exceção (1964-1985) cuja cronologia interna foi objeto de debate, em particular, quando o golpe completou 50 anos. O autor oferece-nos duas cronologias, com objetivos distintos, uma no capítulo dois, outra no capítulo nove. Por meio delas demonstra as mudanças no governo, as ambiguidades dentro do regime e as tensões entre os atores mais relevantes nos processos decisórios. Evidencia as divergências em relação a análises que enfatizam outros recortes temporais e ao fim oferece-nos uma interpretação inovadora para pensar nessas duas décadas. Ajuda-nos a entender como um golpe se transforma em um regime e como um golpe dito militar teve um presidente deposto, na realidade, pelo Congresso Nacional.

Nesta empreitada o autor dedica um capítulo a examinar as diferentes demandas das *Marchas da Família com Deus pela Liberdade* em algumas cidades do País, especialmente Curitiba e São Paulo. Deixa claro que as razões das manifestações não eram sempre as mesmas, ou seja, que nem sempre antipopulismo era redutível a anticomunismo, este último o argumento de autoridade predominante para explicar o golpe.

Os ensaios seguintes acompanham os processos políticos que resultaram no ápice do fechamento do regime autoritário e em sua queda, bem como as discussões acadêmicas sobre esses diferentes momentos e suas engrenagens. Da escrita escorreita vão surgindo uma série de temáticas nobres da Ciência Política que ainda estão na agenda e que nos acompanharão por mais algum tempo.

O livro leva em conta três processos simultâneos, a saber, a *militarização do sistema político*, a *militarização do sistema estatal* e a *militarização da Presidência da República*, esta última a partir de 1968 com a edição do Ato Institucional n. 5. A partir desses processos, a análise discorre com fluidez agradável, porém sempre rigorosa.

Destaco aqui algumas das temáticas nobres da Ciência Política levantadas por Codato. Pode-se começar com o golpe e suas razões e terminar com o tema do porquê renascem as democracias. O livro explora os movimentos que levam um golpe a urdir um regime e mostra como um golpe inicialmente reativo a possíveis ameaças comunistas torna-se plataforma propositiva. De forma complementar, demonstra como esse regime vai se fechando para a sociedade, como os militares administram as tensões internas às Forças Armadas e quais recursos de poder, político e militar, são acionados para assegurar o fechamento do regime.

Ponto alto neste livro são as discussões sobre o nível de militarização da administração pública e dos aparelhos de Estado em geral. Examinando a composição da burocracia, evidencia uma tese importante sobre o regime militar: as Forças Armadas não se apropriaram diretamente de funções de mando que envolvessem política financeira e econômica. O insulamento burocrático foi mantido não para isolar as áreas de excelência da esfera do clientelismo partidário, mas para blindar as atividades técnicas de forma que o governo militar não perdesse os quadros de excelência ou a capacidade técnica já instalada na burocracia pública. Ainda segundo suas evidências, fica explícito que as áreas mais poupadas da militarização foram os ministérios econômicos e que as áreas mais acionadas como recurso de poder militar estavam ligadas aos setores de comunicação e de informação. Esta realidade nos diferencia de países vizinhos como Chile, Peru e Argentina. O tema dos "anéis burocráticos" de Fernando Henrique Cardoso é aqui retomado com oportunidade.

A transição é também tema forte do livro. Indaga-se o autor se os militares voltaram aos quartéis ou se foram expulsos da política. De toda forma, argumenta, a democracia construída a partir de então também não teve pré-projeto político definido. Decorreu de um jogo de ensaio e erro até chegarmos ao modelo político da Nova República que continuou se pautando pelo déficit de cidadania.

Sem nos determos nos comentários do autor acerca da obra do jornalista Elio Gaspari, de quem é profundo conhecedor, lembro, para terminar, que Codato é cientista político de mão cheia, autor de valiosa obra, na qual se inclui um importante trabalho sobre economia e política de desenvolvimento no governo Ernesto Geisel (1974-1979). O livro *Sistema estatal e política econômica no Brasil pós-64* (de 1997) faz uma análise detalhada da política econômica desse período com ênfase no processo decisório, no planejamento econômico e na atuação e definições do Conselho de Desenvolvimento Econômico. Como não poderia deixar de ser, este livro beneficia-se deste conhecimento acumulado e oferece importante capítulo em que se explicitam as tensões entre as visões econômicas de dois importantes ministros daquele governo: João Paulo dos Reis Velloso e Mario Henrique Simonsen.

Por tudo isso, foi um prazer ler, prefaciar e agora recomendar trabalho de tanta perícia e valor.

MARIA CELINA D'ARAÚJO
Departamento de Sociologia e Política
Pontifícia Universidade Católica do Rio de Janeiro

NOTA SOBRE OS CAPÍTULOS

O capítulo 1, *Catolicismo e liberalismo nos anos sessenta*, foi escrito com Marcus Roberto de Oliveira, a única coautoria deste volume, e apareceu originalmente como "A Marcha, o Terço e o Livro: catolicismo conservador e ação política na conjuntura do golpe de 1964" (*Revista Brasileira de História*, v. 24, n. 47, pp. 271-302, 2004).

O capítulo 2, *O golpe de 1964 e o regime de 1968*, foi publicado na revista *História: Questões e Debates* com um título um pouco mais longo e mais explicativo: "O golpe de 1964 e o regime de 1968: aspectos conjunturais e variáveis históricas" (n. 40, pp. 11-36, 2005). A versão de agora foi revista e ligeiramente reescrita.

O capítulo 3, *A natureza militar da ditadura brasileira*, um longo comentário que analisa o livro de João Roberto Martins Filho, *O palácio e a caserna*, saiu primeiro na *Revista de Sociologia e Política* (n. 8, pp. 165-169) em 1997. Fiz pequenos acréscimos, dividi parágrafos e fiz alguns cortes para tornar a leitura menos complicada.

A primeira versão de *Quando falam os documentos: Estado, política e planejamento* (capítulo 4) foi publicada na coletânea organizada por Milton Pinheiro, *Ditadura: o que resta da transição* (Boitempo, 2014, pp. 151-169) como "Intelectuais de Estado e a gestão da política econômica no regime ditatorial brasileiro". Aqui fiz umas tantas mudanças no texto original deixando-o diferente.

A política econômica e o papel das Forças Armadas (capítulo 5) é o título resumido de uma palestra de setembro de 2005 proferida no *Laboratório de Estudos sobre Militares e Política* da Universidade Federal do Rio de Janeiro. A versão de agora foi consideravelmente diminuída e é bem mais objetiva.

Já *O senhor fechado da Abertura política* (capítulo 6) saiu como uma resenha bastante crítica do livro de Armando Falcão, *Geisel: do tenente ao presidente*, na *Revista de Sociologia e Política* (n. 6/7, pp. 203-207, 1996), originalmente como "Geisel: o senhor fechado da Abertura".

O capítulo 7, *A lógica militar da liberalização do regime*, originalmente uma análise do depoimento de Ernesto Geisel concedido aos pesquisadores do Centro de Pesquisa e Documentação de História Contemporânea do Brasil da Fundação Getúlio Vargas, foi publicado na *Revista Brasileira de Ciências Sociais* (vol. 13 n. 37, pp. 202-203) em 1998 com um título um tanto cifrado: "O general e o político no fio da navalha". Esta é uma versão com pequenas alterações em relação ao original.

Generais-estadistas e estadistas-generais na política brasileira (capítulo 8) é uma extensa resenha crítica de *A ditadura encurralada* de Elio Gaspari, mas comenta e analisa toda a sua tetralogia sobre a ditadura militar. O ensaio foi publicado em *Crítica Marxista* (n. 19, pp. 124-140) em 2004. Não alcança, portanto, o último volume da série, apenas editado em 2016 (*A ditadura acabada*).

O capítulo 9, *Da ditadura militar à democracia liberal*, saiu originalmente como "Uma história política da transição brasileira: da ditadura militar à democracia" na *Revista de Sociologia e Política* (n. 25, pp. 83-106) em 2005. Este é o ensaio mais extenso e mais ambicioso do livro. Fiz mudanças apenas de redação em algumas passagens mais obscuras. Em um mundo ideal seria preciso fazer uma grande atualização da literatura sobre o assunto, mas aí seria fazer um outro ensaio.

SUMÁRIO

INTRODUÇÃO

CIÊNCIA POLÍTICA, HISTÓRIA E HISTÓRIA DA DITADURA

Na década de 2000 houve um movimento de recuperação da dimensão histórica na Ciência Política, seja por parte dos estudos inspirados no neoinstitucionalismo, seja por parte dos trabalhos que enfatizaram a dependência da trajetória histórica (*path dependence*) para a compreensão dos fenômenos políticos. Sem que os modelos explicativos mais formalizados tenham sido abandonados ou relegados ao segundo plano, pesquisas na disciplina prometeram valorizar, ao lado do *desenho institucional* e suas consequências sobre os atores e suas estratégias, o *desenvolvimento institucional* com base em pesquisas histórico-comparativas.

Assim, mesmo sem assumir o desafio proposto por C. Tilly há quase quatro décadas (voltar a estudar "*big structures, large processes, huge comparisons*"[1]), ao contrário, pondo em evidência apenas *conjunturas críticas* (tais como são os momentos de transição e de transformação dos regimes políticos), a abordagem histórica permite a cientistas políticos detectar ou sugerir interações entre sequências causais para explicar tanto processos quanto eventos.

[1] Charles Tilly, *Big Structures, Large Processes, Huge Comparisons*. New York: Russell Sage Foundation Publications, 1984.

Todavia, não se trata de reconhecer que "a história importa". A virada histórica que desde o início do século XXI tentou influenciar o trabalho de cientistas políticos pretendeu operar uma mudança teórica mais profunda e mais radical que a do neoinstitucionalismo histórico. Como resumiu Paul Pierson no seu influente *Politics in Time*[2], esse entendimento de procedimentos e práticas políticas implica em comutar o foco centrado em grandes leis causais (como as da Sociologia Histórica) para estudos de mecanismos específicos. As explanações daí derivadas devem então estar baseadas em hipóteses formuladas explicitamente sob condições limitantes que são "tempo" (quando) e "lugar" (onde).

A vantagem mais evidente desse novo/velho enfoque é que ele permite contrapor-se efetivamente (e não só retoricamente) a explicações deduzidas de grandes teorias, onde o fato histórico tende a comparecer apenas como um exemplo ilustrativo; ou contrapor-se a explicações baseadas em tipologias abstratas, em que o caso estudado é classificado conforme a distância maior ou menor em relação a modelos construídos com base em critérios pouco históricos.

Análises políticas desse tipo, cujo fundamento são teorias de médio alcance, hipóteses verificáveis e conceitos operacionais (e não postulados teóricos universais), têm encontrado um reforço bastante positivo nas mudanças da própria História (a disciplina), seja porque elas podem se valer da *narrativa explicativa*, isto é, a procura de respostas nos estudos históricos a uma questão do tipo "por quê?", seja porque historiadores estão mais atentos para causas, origens e consequências no estudo de acontecimentos políticos[3].

Entretanto, essa pretendida virada na forma de abordagem dos acontecimentos políticos não está livre de algumas imprudências. Pierson chamou esses problemas de "as três voltas tradicionais à

---

[2] Paul Pierson, *Politics in Time: History, Institutions, and Social Analysis*. Princeton: Princeton University Press, 2004.

[3] Barbara Weinstein, "História sem causa? A nova história cultural, a grande narrativa e o dilema pós-colonial". *História*, vol. 22, n. 2, pp. 185-210, 2003.

História". Quando se quer considerar a dimensão histórica da política é preciso evitar três modos de emprego inadequado da história.

Em primeiro lugar, a História concebida como o estudo do *passado em si mesmo* e por si mesmo. Nesse registro limitado, cientistas sociais "pesquisam processos ou eventos históricos específicos com o objetivo de oferecer explicações causais convincentes, [mas] de fenômenos de interesse limitado" no tempo e no espaço. Análises desse gênero "assumem que as particularidades de cada evento ou processo tornam" esses eventos e processos "únicos" (p. 4), isto é, irrepetíveis e incomunicáveis com o presente. Exatamente por isso cientistas políticos têm julgado o emprego da História – assim entendido – como irrelevante ou inútil[4]. A questão fundamental, todavia, seria saber o que estudos sobre o "particular" (fatos do passado) podem responder de mais geral (fatos da política).

Pode-se também voltar à História apenas para buscar material ilustrativo a fim de corroborar modelos explicativos construídos por dedução de teorias. É o que se poderia chamar de o *passado como exemplo*. Um protótipo desse tipo de abordagem é representado pelo seguinte raciocínio: "Eu tenho um modelo explicativo de certos aspectos da atividade política. Deixe-me procurar no passado uma boa ilustração desse modelo". Esse gênero de Ciência Política "é especialmente comum entre aqueles que desejam produzir proposições gerais sobre a política" independentemente de tempo e lugar, como os teóricos da escolha racional ou estudiosos de instituições[5]. No caso, não se retém a dimensão temporal dos eventos políticos, esse sim o fator explicativo importante.

Por fim, há um gênero de volta à História em que essa é concebida como um lugar de geração e acúmulo de *mais casos para comparação*. Aqui, "A História torna-se uma fonte de dados, especialmente para fenômenos que são relativamente incomuns no mundo atual". Conclusão: "A melhor forma de conectar a História e as Ciências

---

[4] Paul Pierson, *Politics in Time*, *op. cit.*, pp. 4-5.

[5] Paul Pierson, *Politics in Time*, *op. cit.*, p. 5.

Sociais não é empiricamente", como na variante 1, "nem metodologicamente", como nas variantes 2 e 3, "mas teoricamente". Isto é, a partir da seguinte proposição: "a vida social desdobra-se no tempo". Logo, "processos sociais reais têm [...] uma dimensão temporal"[6]. Assim, o cientista político não deve simplesmente *olhar para o passado*, mas, como advertiram Pierson e Skocpol, para processos através do tempo (*processes over time*)[7].

Há uma série de procedimentos para realizar esse estilo de Ciência Social: compreender configurações políticas em função da trajetória histórica cumprida por determinado fenômeno (*path dependence*), reconstruir o *timing* e a sequência causal de eventos, focar processos de longa duração, explicar configurações institucionais pelo seu desenvolvimento e não apenas pelo seu *design* no presente, contextualizar, em termos de tempo e lugar de ocorrência, eventos políticos. Nada mais distante, portanto, da mera compilação empírica e erudita de fatos do passado, uma sorte de "eventos-evidências" que falariam por si mesmos.

Isso posto, a (re)valorização da perspectiva histórica em Ciência Política poderia produzir dois efeitos colaterais positivos. Primeiro, contribuir para restaurar a dimensão temporal das análises, superando tanto o presentismo como o conjunturalismo que têm definido grande parte dos temas de investigação. Politólogos, por uma série de razões extrateóricas, tendem a se preocupar apenas com o aqui e o agora. A redescoberta da História poderia também ajudar a relativizar a preferência quase exclusiva por métodos quantitativos. Já a capacidade dos achados produzidos dentro dessa perspectiva serem válidos para outros contextos (temporalmente ou geograficamente) dependerá do grau de universalidade dos problemas político-institucionais aventados e da natureza estratégica do caso estudado, e não do grau

---

6 Paul Pierson, *Politics in Time*, *op. cit.*, p. 5.

7 Paul Pierson and Theda Skocpol, "Historical Institutionalism in Contemporary Political Science". In *Political Science: State of the Discipline*, edited by Ira Katznelson and Helen V. Milner, New York: W.W. Norton, pp. 693-721, 2002.

de generalidade das respostas formuladas com base nas histórias particulares, por mais elaboradas que sejam suas narrativas.

*

Este livro trata da política durante o regime ditatorial-militar brasileiro. Analiso um conjunto de temas "do passado", mas de olho no presente. Esses assuntos estão reunidos em torno de três problemas básicos: *i) ideologias mobilizadoras*, *ii) organização do Estado* e *iii) dinâmica político-institucional*. O livro procura mostrar como há uma notável persistência da ideologia conservadora e moralizante das camadas médias, de um lado, e uma visão profundamente autoritária do mundo por parte das elites militares, de outro. Esses são os assuntos dos dois primeiros capítulos. Os capítulos 3, 4 e 5 dedicam-se a investigar a morfologia e a fisiologia do sistema institucional dos aparelhos do Estado ditatorial. Os capítulos 6 e 7 são sobre grupos militares com distintas concepções políticas sobre o papel político das Forças Armadas. Os dois últimos capítulos discutem, respectivamente, uma certa forma de contar a história política da ditadura (cap. 8) e como ela poderia ser, alternativamente, contada (cap. 9).

*

Neste livro, a expressão utilizada para designar o regime político brasileiro que vigorou entre 1964 e 1985 é "ditadura militar". Como seu emprego era um tanto infrequente até certo tempo atrás, mesmo na literatura acadêmica, penso que seja necessário refletir sobre o sentido das palavras na política e suas implicações através de um caso anedótico.

Em 17 de fevereiro de 2009, o jornal *Folha de S. Paulo* escreveu no seu editorial: "[...] se as chamadas 'ditabrandas' – caso do Brasil entre 1964 e 1985 – partiam de uma ruptura institucional e depois preservavam ou instituíam formas controladas de disputa política e acesso à Justiça, o novo autoritarismo latino-americano, inaugurado por Alberto Fujimori no Peru", e continuado por Hugo Chávez na Venezuela, fez "o caminho inverso. O líder eleito mina as instituições e os controles democráticos por dentro, paulatinamente"[8].

Houve então indignação com a designação do modelo político que vigorou no Brasil entre os governos Castello Branco (1964-1967) e Figueiredo (1979-1985) como *ditabranda*. A expressão "ditabranda" (neologismo derivado da contração da palavra 'ditadura' com a palavra 'branda', isto é, fraca, amena, moderada, cordial) evoca uma forma de dominação cujo traço distintivo é, antes de tudo, sua autocontenção e o caráter limitado do exercício do poder pelos militares. As ditabrandas seriam a alternativa educada aos regimes arbitrários e opressivos que abusaram do recurso à violência física contra seus adversários políticos, como na Argentina de Videla, Viola, Galtieri e Bignoni ou no Chile de Pinochet.

Leitores protestaram lembrando as perseguições, as prisões, as torturas, os assassinatos da "ditabranda" brasileira. Impávido, o jornal reafirmou seu ponto de vista dois dias depois em Nota da Redação: "Na comparação com outros regimes instalados na região no período, a ditadura brasileira apresentou níveis baixos de violência política e institucional"[9].

Como não se define um regime político pela contabilidade de mortos que ele produz, mas pelas regras do jogo que ele estipula – regras essas que decidem: *i*) como serão as relações no interior do governo (isto é, *o exercício do poder*) e *ii*) como serão as relações entre o governo e a sociedade (ou sobre quem deve exercer *o controle do poder* e participar da política) –, é possível aprender muito sobre a cultura política brasileira a partir dessa discussão. Essa querela não apenas semântica interessa mais pelo que ela deixou de fora do que por aquilo que incluiu.

---

[8] Ver https://www1.folha.uol.com.br/fsp/opiniao/fz1702200901.htm. Acesso em: 19 set. 2022.

[9] Ver https://www1.folha.uol.com.br/fsp/opiniao/fz1902200910.htm. Acesso em: 19 set. 2022.

No debate público, conceitos teóricos perdem a estampa de neutralidade e objetividade que os justifica para logo se tornarem acusações políticas. Talvez por isso aqueles circunlóquios inventados, seja por especialistas, seja por protagonistas para evitar o termo cientificamente correto – ditadura militar – para discriminar o "caso do Brasil entre 1964 e 1985". O regime já foi descrito como uma situação autoritária (Linz), um Estado de Segurança Nacional, uma democracia relativa (Geisel), um regime forte (Passarinho), um Estado burocrático-autoritário (O'Donnell) etc. O próprio *Manual da Redação* da *Folha de S. Paulo* de 1996 advertia seus funcionários para utilizar "com critério" o termo ditadura. "É melhor qualificar regimes autoritários de forma objetiva: governo militar [...]". Além disso, solicita-se não usar "a expressão ditadura militar". Solicita-se também não escrever "Revolução de 64 para designar o movimento militar ocorrido no Brasil naquele ano"[10].

As razões de tanta objetividade linguística não são exatamente um mistério. "Ditadura", "ditador", "ditatorial" são vocábulos do mesmo gênero daquelas outras expressões condenadas pelo dicionário dos políticos. Ninguém quer ser "populista", "oligarca", "tecnocrata" etc.

Contudo, empenhado em encontrar um designativo mais de acordo com sua própria concepção sobre como foi o regime político brasileiro "entre 1964 e 1985", o redator do jornal enganou-se duas vezes.

A primeira porque repressão política não é uma questão de grau, mas antes de tudo de método. A forma de excluir os oponentes do regime ditatorial brasileiro não passava apenas pelo monopólio das posições políticas através da manipulação de dispositivos eleitorais, mas pela eliminação física dos adversários. Fosse a polarização ideológica tão crítica como no Chile, fosse a politização da sociedade tão intensa como na Argentina, fosse a esquerda armada no Brasil

---

[10] Ver https://www1.folha.uol.com.br/folha/circulo/manual_texto_d.htm e https://www1.folha.uol.com.br/folha/circulo/manual_texto_r.htm. Acesso em: 19 set. 2022

maior ou socialmente mais representativa, quem garante que não teria havido mais sumiços e assassinatos?

O redator enganou-se uma segunda vez porque empregou de maneira errada a expressão "ditabranda".

Ditabranda é um termo inventado por Guillermo O'Donnell e Philippe Schmitter[11]. Ele não designa um regime político cordial ou comedido, mas a *fase intermediária* entre um regime plenamente ditatorial e um regime parcialmente democrático. Portanto, ditabrandas não são ditaduras incompletas, limitadas, com baixo grau de repressão estatal e pouco controle policial sobre a oposição política. São estruturas políticas ou, mais propriamente, regimes que já deixaram de ser completamente autoritários, mas que ainda não são globalmente democráticos. As ditabrandas são definidas pelo grau de liberdades políticas que toleram. A parte final do governo do general Figueiredo e o governo de José Sarney até a Constituição de 1988 poderiam se encaixar nessa definição.

Sua contraface são as "democraduras". Esses regimes intermediários são democracias limitadas onde a competição política ainda é restrita a apenas alguns grupos confiáveis pelos governantes e onde há formas atípicas de consulta eleitoral, como assembleias corporativas, apelos diretos ao "povo", plebiscitos etc.

Na década de 2010, historiadores da ditadura brasileira também polemizaram sobre o nome do regime. Daniel Arão Reis Filho[12] propôs a designação "ditadura civil-militar", que então passou a circular entre os especialistas, em função do apoio civil ao regime, ainda que o governo fosse controlado e liderado por militares. Carlos Fico foi ao ponto lembrando que os apoios políticos foram vários: "fosse razoável

[11] Ver *Transições do regime autoritário*: primeiras conclusões. São Paulo: Vértice, 1988.

[12] Ver Daniel Aarão Reis Filho, *Ditadura e democracia no Brasil*: do golpe de 1964 à Constituição de 1988. Rio de Janeiro: Zahar, 2014; e "Ditadura no Brasil: entre memória e história". *In:* Motta, Rodrigo Patto Sá (org.). *Ditaduras militares*: Brasil, Argentina, Chile e Uruguai. Belo Horizonte: Editora UFMG, 2015.

o argumento de Daniel, teríamos de designar a ditadura como civil--militar-empresarial-midiática-católica e assim por diante"[13].

Essas classificações não dizem respeito a palavras, como é óbvio. No entanto, chama a atenção a resistência durante muito tempo ao emprego da expressão *ditadura militar* no Brasil, tão corrente, desde cedo, na imprensa da Argentina ou do Chile. Esse fato tem menos a ver com o placar de mortos e desaparecidos dos três regimes e mais com a interdição que pesou, nas próprias Forças Armadas e na opinião pública, sobre a história política no Brasil a respeito dos governos "entre 1964 e 1985". Qual foi o legado desse período para a configuração política da Nova República?

A pressa com que se decretou o restabelecimento pleno da democracia já em 1985 quando um presidente militar é substituído por um presidente civil impediu de refletirmos sobre a democracia tutelada que se seguiu com o fim dos governos dos militares e seus efeitos até hoje sobre o sistema político brasileiro.

O propósito deste livro é revisitar certas conjunturas críticas (1964, 1968, 1985 etc.), oferecendo algumas explicações a elas, e rediscutir não apenas o funcionamento dos governos militares, mas a própria divisão temporal da história ditatorial. É, assim, um livro sobre a periodização do regime. Isto é, quando ele começa e quando ele acaba.

*

Os ensaios deste livro foram escritos há um bom tempo, há mais de quinze anos. Logo, é esperável que não satisfaçam mais completamente o autor. Além disso, minhas pesquisas tomaram outros rumos, tanto temáticos como metodológicos, mais alinhados aos métodos *mainstream* da disciplina. Assim, a literatura de historiografia brasileira publicada na última década e meia não foi incorporada aqui.

---

13 Carlos Fico, "Ditadura militar brasileira: aproximações teóricas e historiográficas". *Revista Tempo e Argumento*, vol. 9, n. 20, 2017, p. 52.

E, até onde eu conheça, estudos da Ciência Política nacional voltaram-se pouco ou quase nada ao período ditatorial. Na pós-graduação ainda não há uma agenda de pesquisas consistente sobre esse tópico.

A decisão por publicar um livro que estava praticamente pronto desde 2010, mas que foi abandonado porque julguei que esses assuntos todos – ditadura, militares, ditadura militar – não teriam mais o mínimo interesse para o cientista político, inesperadamente, e sinistramente, recobraram toda a sua atualidade a partir de 2018.

Passeatas passaram a plagiar as Marchas da Família com Deus pela Liberdade (assunto do capítulo 1), manifestações desfilaram exigindo a reedição do Ato Institucional n. 5 (capítulo 2), reportagens de jornais tornaram a se interessar pelos alinhamentos e divisões políticas no interior das Forças Armadas (cap. 3), militares foram generosamente empregados em cargos tipicamente civis (cap. 5) e pretenderam supervisionar os processos decisórios do Estado (cap. 4), voltou-se a especular sobre o entusiasmo do comando do Exército pela democracia e a se considerar a contabilidade de oficiais golpistas e legalistas (caps. 6 e 7), generais recuperaram todo o seu protagonismo político (cap. 8) e os termos de negociação da implantação da Nova República foram postos em xeque (cap. 9). Em função de tudo isso talvez valha a pena dar uma espiada nesses escritos em 2023.

1.

CATOLICISMO E LIBERALISMO NOS ANOS SESSENTA[14]

O período que se abre com a renúncia do presidente Jânio Quadros em 1961 e se encerra com o discurso do presidente João Goulart no Automóvel Clube em 1964 pode ser resumido em uma pergunta: *quem dará o golpe no Brasil?*[15] A conspiração dos setores conservadores contra o populismo e a luta aberta dos setores reformistas a favor dele terminou num movimento político-militar que depôs o governo constitucional em 31 de março de 1964. Nessa conjuntura, um episódio tem especial interesse.

Em 19 de março de 1964, como resposta ao comício a favor das Reformas de Base, 500 mil manifestantes (conforme a estimativa de Dreifuss[16] e dos jornais da época) desfilaram da Praça da República à Praça da Sé, em São Paulo, na Marcha da Família com Deus pela Liberdade. A passeata terminou "com uma missa 'pela salvação da democracia'". Durante o trajeto foi distribuído o *Manifesto ao povo do*

---

[14] Este estudo foi escrito originalmente com Marcus Roberto de Oliveira. Marcus fez toda a minuciosa pesquisa documental e historiográfica citada na terceira e na quarta partes deste ensaio.

[15] Para retomar a frase-título do livro de Wanderley Guilherme [dos Santos], *Quem dará o golpe no Brasil?* Rio de Janeiro: Civilização Brasileira, 1962 (Coleção "Cadernos do Povo Brasileiro").

[16] René Armand Dreifuss, *1964*: a conquista do Estado. Ação política, poder e golpe de classe. Petrópolis: Vozes, 1981, p. 297.

Brasil, "convocando a população a reagir contra Goulart"[17]. Seis dias antes, o presidente da República havia falado para uma multidão de 200 mil pessoas diante da Central do Brasil, no Rio de Janeiro, e se comprometera em aprontar várias reformas sociais e econômicas no capitalismo nacional.

As várias "Marchas da Família" que se seguiram a essa e ocorreram no Brasil em março, abril e maio de 1964 foram atos públicos organizados por setores católicos da classe média urbana. Impulsionados por políticos conservadores (em geral da União Democrática Nacional (UDN), o partido da direita urbana brasileira), pela elite empresarial e pelos movimentos femininos, juntaram milhares de pessoas às vésperas do 31 de março nas principais cidades brasileiras[18].

As Marchas batiam-se pela obediência estrita aos valores tradicionais cristãos (o matrimônio, a castidade, a família), pela defesa da simbologia religiosa (o terço, o calvário e o rosário), pela observação das liberdades individuais (a liberdade de expressão e religiosa) e pela propriedade privada, supostamente ameaçadas pelo governo reformista de João Goulart. Elas condenavam genericamente a política populista, isto é, "a demagogia, a desordem e a corrupção", e o comunismo, seja seu caráter "materialista e ateu", seja o risco que o totalitarismo poderia representar à propriedade privada e à democracia. Fazendo eco ao clima de Guerra Fria, comunismo e populismo eram considerados posturas "antidemocráticas". O primeiro porque

---

[17] Cit. a partir do verbete MARCHA DA FAMÍLIA COM DEUS PELA LIBERDADE. In *Dicionário Histórico-Biográfico Brasileiro pós-1930*. https://www18.fgv.br/CPDOC/acervo/dicionarios/verbete-tematico/marcha-da--familia-com-deus-pela-liberdade. Acesso em: 25 de janeiro 2023.

[18] A Marcha da Família foi realizada em São Paulo em 19 de março e em Santos e Curitiba no dia 24. No Rio, o desfile conservador tornou-se "A Marcha da Vitória" em 2 de abril comemorando o golpe de Estado. A passeata estava programada para Porto Alegre no dia 3. Alguns dias mais tarde, celebrou-se o movimento militar em Juiz de Fora. Em 7 de abril os conservadores marcharam em Natal. Em Belo Horizonte e Niterói a Marcha ocorreu em maio. Ver, para as últimas datas, Solange de Deus Simões, *Deus, pátria e família*: as mulheres no golpe de 1964. Petrópolis: Vozes, 1985, p. 105.

"esmagava o indivíduo", sufocando a "liberdade"; o segundo porque impedia a realização plena da "verdadeira democracia", isto é, da democracia liberal.

Meu objetivo neste capítulo é comparar a dinâmica, a agenda e os protagonistas de dois eventos, a Marcha da Família com Deus pela Liberdade em São Paulo e em Curitiba. O caso do Paraná é o mais diferente de todos os protestos contra a ameaça da "república sindicalista" de Jango, Brizola e Arraes[19].

As principais bandeiras da Marcha do Paraná não podem ser diretamente ligadas às questões mais críticas da conjuntura política nacional (as "Reformas de Base", a subversão da hierarquia militar, a ascensão das esquerdas partidária e sindical e a radicalização do movimento popular em geral), mas a uma proposta polêmica do Ministério da Educação e Cultura (MEC), a obrigatoriedade em se adotar nos colégios brasileiros um "Livro Único", editado pelo próprio MEC, e a pretensa "encampação de escolas particulares" (i.e., as escolas confessionais). Essas ideias eram não apenas inaceitáveis por si mesmas, mas típicas de países "totalitários". A elas se deveriam opor, conforme os líderes do movimento em Curitiba, os princípios liberais clássicos.

Deixando os valores tradicionais cristãos em segundo plano, o evento no Paraná, rebatizado para "Marcha a favor do Ensino Livre", priorizou a luta pelas liberdades individuais. É o que se depreende da análise da sua organização e enredo. Esse repertório evidenciou, ao menos no discurso, uma inclinação pelo liberalismo político e econômico, ao contrário da orientação convencional para o conservantismo típico das camadas médias brasileiras no pós-1930 das outras Marchas.

---

[19] João Goulart ("Jango") (1919-1976), Leonel Brizola (1922-2004) e Miguel Arraes (1916-2005) eram políticos de base popular e representantes do nacionalismo desenvolvimentista. Jango havia assumido a presidência da República em 1961 após a renúncia de Jânio Quadros. Fora Ministro do Trabalho de Getúlio Vargas (1953-1954) e vice-presidente da República (1956-1961). Leonel Brizola havia sido governador do Rio Grande do Sul (1959-1963) e Miguel Arraes era o de Pernambuco (1963-1964). Ambos assumiriam, em suas administrações, posturas reformistas e uma retórica esquerdista.

Assim, o caso em questão ilustra não só a complexidade da atuação das camadas médias no período anterior ao golpe de 1964, mas as diferentes modalidades de oposição política e ideológica ao populismo.

Os católicos conservadores na conjuntura de março

Em 1964 o País experimentou de maneira dramática os efeitos da polarização ideológica que havia oposto o liberalismo conservador ao reformismo nacionalista durante todo o período dos governos populistas.

Em março, o Comício da Central (no dia 13), a Marcha da Família (no dia 19), a Rebelião dos Marinheiros (no dia 26) e a reunião no Automóvel Clube (no dia 30) precipitaram a conclusão dessa temporada de sucessivas crises políticas. Nesse contexto, a ação dos católicos tradicionais foi decisiva. Saes sustenta que a Marcha paulista desequilibrou a relação de forças a favor dos conservadores, isolando a ala nacional-reformista do movimento de massas[20]. A ação dos católicos ofereceu a oportunidade política, o pretexto ideológico e a legitimação social para o golpe militar. "Com a Marcha da Família com Deus pela Liberdade", argumenta Figueiredo, o limite crítico foi ultrapassado. "Depois da Marcha muitos atores passaram a atribuir uma alta probabilidade de sucesso ao movimento contra o governo"[21]. No dia 31, uma manobra intempestiva do general Olímpio Mourão Filho que desfilou com suas tropas de Juiz de Fora ao Rio de Janeiro cerrou o destino do governo Goulart.

O movimento feminino, representado em São Paulo pela União Cívica Feminina (UCF), no Rio de Janeiro pela Campanha da Mulher pela Democracia (CAMDE) e em Belo Horizonte pela Liga de

---

[20] Cf. Décio Saes, *Classe média e sistema político no Brasil*. São Paulo: T. A. Queiroz, 1984.

[21] Argelina Cheibub Figueiredo, *Democracia ou reformas?* Alternativas democráticas à crise política: 1961-1964. São Paulo: Paz e Terra, 1993, p. 183.

Mulheres Democráticas (LIMDE), liderou em cada um desses estados a ação ultraconservadora. A oposição ao "comunismo totalitário" e a defesa de um ideário bastante largo de democracia – e bastante estrito de legalidade – foram o mínimo denominador comum das Marchas. À frente de tudo, enfeitando a aliança entre entidades femininas, associações religiosas e as organizações do patronato, a exibição pública dos símbolos religiosos e a defesa dos valores tradicionais cristãos.

A faísca que incendiou o movimento reacionário saiu do pronunciamento do presidente Goulart durante o Comício das Reformas em 13 de março. Jango criticara a "indústria do anticomunismo" e a utilização de símbolos religiosos como instrumentos políticos de oposição a seu governo.

> "O inolvidável Papa João XXIII é que nos ensina, povo brasileiro, que a dignidade da pessoa humana exige [...] o direito e o uso dos bens da terra, ao qual corresponde a obrigação fundamental de conceder uma propriedade para todos. [...] O cristianismo nunca foi o escudo para os privilégios [...], nem [...] os rosários podem ser levantados contra a vontade do povo e as suas aspirações mais legítimas. [...] Os rosários não podem ser erguidos contra aqueles que reclamam a discriminação da propriedade da terra, hoje ainda em mãos de tão poucos, de tão pequena maioria[22]."

De acordo com o espírito da indústria do anticomunismo, o comentário àquela altura dos acontecimentos foi recebido como uma ofensa direta aos valores cristãos e como uma declaração explícita da intenção de levar adiante as reformas agrária, bancária, eleitoral,

---

[22] Cf. O discurso de 13 de março de 1964. *In:* Edgard Carone, *A Quarta República* (1945-1964). Vol. 1: documentos. São Paulo/Rio de Janeiro: Difel 1980, p. 234. Goulart referia-se provavelmente "à maneira como as mineiras da 'Liga da Mulher pela Democracia' (LIMDE), que de terços nas mãos, haviam impedido Leonel Brizola (então governador do Rio Grande do Sul e cunhado do presidente Goulart) de discursar pelas reformas de base" (Simões, 1985: 93). Goulart, a propósito, fazia parte desta "pequena maioria" de proprietários agrários.

universitária, urbana, mesmo contra a "legalidade constitucional", conforme a expressão usada pelos reacionários.

Para não retirar a Marcha da Família do seu contexto mais amplo, é preciso recordar que uma conspiração política mais ou menos organizada estava em curso desde 1961, liderada nos meios civis pelo "complexo" IPES/IBAD (Instituto de Pesquisas e Estudos Sociais/ /Instituto Brasileiro de Ação Democrática). O IPES – representante do grande empresariado – também participou da organização da Marcha, planejando a passeata e colaborando, através de sua rede de filiados, para a difusão do protesto a partir de São Paulo para o País[23].

A presença de setores do grande empresariado por meio das organizações patronais da esfera de influência do IPES ao lado das camadas médias tradicionais (representadas pelas entidades femininas e pelas associações religiosas) na manifestação paulista sugere, no entanto, uma relação mais complexa do que de simples porta-vozes da elite conservadora. As evidências históricas não indicam uma relação instrumental entre as elites sociais e uma massa contrarrevolucionária de classe média. Ao contrário, permitem ver em ação um movimento que é a tradução, na cena política, das aspirações conservadoras das camadas médias tradicionais *e também* do grande empresariado. Esses últimos serão liderados, nessa conjuntura, pelo "partido" feminino e católico. A Marcha da Família esgrime assim, através de conteúdos morais e religiosos (os "valores cristãos"), a oposição radical – tanto do grande empresariado, quanto das próprias camadas médias – ao "comunismo", de um lado, e ao "populismo", de outro. Como o governo Goulart representava a fusão de ambos, pior para ele.

O papel do IPES foi o de coordenar toda a ação cívica dos setores oposicionistas e financiar e orientar politicamente as três organizações femininas mais importantes da classe média no período, a CAMDE,

[23] A ligação entre as ações do IPES e as Marchas foi descrita por Dreifuss, *op. cit.*, pp. 291 e 294.

a UCF e a LIMDE[24]. Portanto, se a classe dominante irá encontrar a sua massa contrarrevolucionária no seio da classe média[25], isso não significa que a primeira detenha, diante da segunda, hegemonia política e ideológica sobre o movimento propriamente dito. A função de direção política da Marcha paulista pela vanguarda feminina corresponde, antes, ao arcaísmo ideológico dos temas morais e religiosos exibidos no protesto. A presença relevante de outros setores de classe média – os profissionais liberais, por exemplo – torna mais inteligível o destaque conferido aos temas políticos: o antipopulismo, ao mesmo tempo em que se esconde na defesa da Constituição Brasileira e dos princípios democráticos, revela-se, no caso do desfile paulista, na evocação do levante contrarrevolucionário de 1932. Ordem (ou na expressão edulcorada, "legalidade"), democracia, liberdade política e valores cristãos serão a base para compreender a configuração ideológica bastante complexa dessa conjuntura.

A ideologia das camadas médias na IV República

O entendimento da ação política das camadas médias tradicionais nesse processo, variável de estado para estado, exige que se considere com mais atenção ora seus elementos ideológicos invariáveis, ora suas múltiplas combinações conforme a evolução conjuntural dos acontecimentos. Note que algumas atividades antigoverno, embora tivessem uma repercussão nacional, eram organizadas por grupos locais segundo uma lógica descentralizada à medida que respondiam a estímulos (sociais, organizacionais, políticos e ideológicos) muito específicos. Se isso for correto, pode-se começar a desconfiar das

---

[24] Dreifuss, *op. cit.*, pp. 294-295. Ver também Décio Saes, "Classe média e política no Brasil (1930-1964)". *In:* Boris Fausto (org.). *História geral da civilização brasileira.* Tomo III: "O Brasil Republicano", 3°. Vol. "Sociedade e Política (1930-1964)". 5ª. ed. Rio de Janeiro: Bertrand Brasil, 1991, pp. 499-501.

[25] Conforme frisou Saes, *Classe média e sistema político no Brasil*, *op. cit.* p. 135.

ideias que apresentam o golpe político-militar de 1964 como uma superconspiração nacional a partir de um único ator – "os militares" ou "a burguesia" ou "a direita" etc.

Como caracterizar as representações mentais, os valores e as expressões políticas desse grupo em especial? É possível isolar alguns elementos que constituem e justificam essa visão de mundo.

Seguindo a sugestão de George Rudé[26], procuramos classificar os elementos ideológicos das classes e categorias sociais na IV República (1945-1964) e indicar como eles são traduzidos politicamente nessa conjuntura pelos dois movimentos aqui em análise: o caso desviante do Paraná e o caso padrão de São Paulo.

Rudé propôs uma fusão de elementos ideológicos para compreender protestos populares, sejam eles reacionários ou revolucionários. Sua sugestão reside em diferenciar dois tipos de ideários (ou repertório de ideias e crenças): um inerente ao próprio grupo, outro derivado ou tomado de empréstimo a outros ideários. O primeiro é "baseado na experiência direta, na tradição oral, na memória folclórica e não aprendido ouvindo sermões ou discursos ou lendo livros". O segundo é o repertório de ideias e crenças aprendidas, "que, com frequência, adquire a forma de um sistema mais estruturado de ideias, políticas ou religiosas, como os Direitos do Homem, Soberania Popular, *Laissez-faire* e os Direitos Sagrados da Propriedade, Nacionalismo, Socialismo ou várias versões da justificação pela Fé"[27].

Em termos muito esquemáticos poderíamos dizer que o ideário político inerente das elites empresariais (i.e., dos grandes e médios empresários) seria o *anticomunismo*, um "sistema totalitário" onde, nessa representação, o Estado controla, através de um partido político único, a vida social, cultural e econômica do indivíduo. A ideologia inerente no Brasil das camadas médias tradicionais (profissionais liberais, donas de casa e pequenos empresários) seria o *antipopulismo*,

---

[26] George Rudé, *Ideologia e protesto popular*. Rio de Janeiro: Zahar, 1980.

[27] Rudé, *ibid.*, p. 25.

que é a oposição à presença/atuação das massas populares urbanas na política. Como ideário compartilhado, os dois grupos sociais teriam em comum o *antiestatismo*, ou seja, a oposição ao intervencionismo regulatório do Estado populista na "economia nacional" e no mercado privado.

Quando pensamos no ideário político derivado (um sistema mais estruturado de ideias) e como ele aparece nas Marchas de São Paulo e Curitiba teríamos esquematicamente o seguinte:

Quadro 1. **Elementos ideológicos dos movimentos políticos reacionários no Brasil em 1964**

Marcha da Família com Deus pela Liberdade (São Paulo)	*Marcha a favor do Ensino Livre* (Curitiba)
PADRÃO	**DESVIO**
conservantismo tradicional (defesa da ordem constitucional ou da "legalidade" contra as "reformas de base"; defesa da "democracia" contra o "totalitarismo")	liberalismo clássico (defesa da livre iniciativa, da liberdade de mercado e da liberdade de pensamento)
forma de expressão na cena política na conjuntura da crise de 1964	
↓	↓
catolicismo conservador (defesa dos "valores tradicionais cristãos")	liberalismo econômico e liberalismo político

Fonte: elaboração própria

Retomaremos a explicação do quadro na sequência na análise do processo histórico.

Por ora é preciso frisar um ponto. "O antipopulismo é a definição política essencial das camadas médias tradicionais a partir da revolução de 1930"[28]. Como ele se expressa? Como recusa e crítica à democracia de massas. O que está em questão, a partir da política de integração das massas urbanas e da classe operária ao sistema político-eleitoral no pós-1945, é a participação de todos na vida política nacional como "eleitores".

> "O antipopulismo traduz seu desejo de impedir a ascensão política da classe operária e a transformação do direito à política em prerrogativa comum e universal; em suma, o desejo de conservar a política como um símbolo de prestígio social. Podemos dizer, portanto, que a orientação política das camadas médias tradicionais está marcada, ao longo do período populista, pela nostalgia da política oligárquica[29]."

A ideia da política (no sentido mais simples de *votar-e-ser-votado*) como privilégio social possui uma dimensão simbólica e uma dimensão prática. No primeiro caso, significa conservar a atividade política como um índice de distinção ("a política é para poucos"); no segundo, estabelecer certos requisitos essenciais – tais como "educação" e "cultura" – que justifiquem a presença ou ausência de tipos específicos de indivíduos na cena política ("a política é para quem entende").

O populismo, ao destruir as resistências classistas à primeira dimensão, e ao ignorar a segunda, é por isso, na visão das camadas médias tradicionais, basista e irresponsável. Seu antielitismo converte a atividade política num jogo imprevisível, dependente do carisma do líder e da volubilidade das massas incultas. Trata-se do exato oposto de uma política racional e "ideológica" (isto é, baseada apenas em ideias abstratas), a utopia dos bem pensantes da classe média. O traço básico da política nesse contexto, para as camadas médias, é o seu caráter "demagógico". A insensatez das massas populares, que teimam

---

28 Saes, *Classe média e sistema político no Brasil, op. cit.*, p. 107.

29 Saes, *ibid.*, p. 107. Todas as considerações abaixo, numa formulação bastante livre, se referem a esse livro e ao ensaio do mesmo autor: Saes, "Classe média e política no Brasil (1930-1964)", p. 463 e segs.

em votar "errado" (isto é, sistematicamente contra os candidatos da UDN), dá o tom dos governos nacionais.

A contraface desse desejo por uma política racional e sem conflitos (entendida idealmente como um grande "debate de ideias") é a visão da economia como um sistema autorregulado, que pode, portanto, prescindir da ação do Estado. Conforme essa visão de mundo, o elitismo atávico da classe média brasileira casa-se então ao liberalismo econômico. Esse liberalismo se expressa em dois níveis. As camadas médias tradicionais foram uma força social consistente e constante contra a política econômica no pós-1930, criticando a industrialização pelo seu caráter "intervencionista", assim como a intervenção "irracional" ou "artificial" do Estado no mercado de serviços dos profissionais liberais. A crença nos méritos próprios (como via de ascensão social) e a fé no individualismo (que as dispensaria de gozar as políticas de proteção social do Estado) estende e amplia o antipopulismo das camadas médias tradicionais em direção ao antiestatismo. Esse antiestatismo é compartilhado com algumas frações das elites (principalmente a burguesia comercial e os proprietários fundiários).

Esse ideário orientou a intervenção das camadas médias tradicionais na cena política nas décadas de trinta, quarenta e cinquenta do século XX. Na campanha de 1932 combateram pela "Constituição"; na transição de 1945, pela "redemocratização"; e na crise de 1954 focaram sua batalha contra a "corrupção"[30]. Em 1964, essas forças sociais acrescentaram mais um elemento e orientaram-se pela ideologia típica das elites empresariais – o anticomunismo – imaginando-se protagonistas de uma verdadeira "Revolução".

A outra Marcha: a organização do movimento no Paraná

Seguindo o mesmo figurino de São Paulo, associações empresariais e de mulheres católicas estiveram à frente do protesto no Paraná. Houve uma mobilização política expressiva da União Cívica Feminina

[30] Saes, *Classe média e sistema político no Brasil, op. cit.*, pp. 108-109.

paranaense (UCF), e uma campanha ideológica eficaz promovida principalmente pela Associação Comercial do Paraná (ACOPA). As duas entidades organizaram o ato na capital do estado. Atuaram de forma conjunta realizando reuniões, cursos, palestras, protestos públicos relâmpagos, entre outras atividades "revolucionárias".

A UCF era uma entidade fundada em outubro de 1963 com o objetivo de realizar obras assistencialistas e debater assuntos cívicos e religiosos. Suas principais incentivadoras foram Dalila de Castro Lacerda e Rosy Pinheiro Lima. A grande maioria das suas associadas era oriunda das camadas médias tradicionais. A Associação Comercial do Paraná, por sua vez, era uma entidade particular (não corporativa), composta por médios e pequenos empresários, em sua maioria comerciantes, mas também por profissionais liberais oriundos de setores da antiga elite (os "bacharéis") e das camadas médias tradicionais. A ACOPA atuava, segundo a opinião de seus membros, "pragmaticamente" (o que significava, na língua nativa, "sem ideologias") e a partir dos interesses da "livre iniciativa".

O caso de Curitiba chama a atenção por vários aspectos. A começar pelo nome: ao invés do ecumênico e pomposo título sob o qual os conservadores desfilaram em São Paulo – "Marcha da Família com Deus pela Liberdade" –, o evento foi então rebatizado no Paraná para "Marcha a favor do Ensino Livre". A encampação das escolas particulares e a adoção do "Livro Único" foram os assuntos principais dos oposicionistas.

A questão da encampação, principalmente dos colégios católicos, resumia-se à possível (embora improvável) estatização dos estabelecimentos particulares de ensino, boato que correu à época. A questão da imposição de um "Livro Único" elaborado pelo MEC para o ensino do que depois seria chamado durante a ditadura militar de "Estudos Sociais", era mais complexa. Ora os conservadores reprovavam o fornecimento pelo Estado de livros didáticos para todas as escolas (determinação essa, segundo a União Cívica, típica de governos "totalitários"), ora os conservadores acusavam essa operação de mera propaganda ideológica do governo de Goulart.

O "Livro Único" fora escrito pelo historiador Nelson Werneck Sodré possivelmente a partir de seus cursos no Instituto Superior de Estudos Brasileiros e recontava o processo de organização da sociedade brasileira contrariando os principais mitos da História tradicional. Na lembrança de Rosy Pinheiro Lima, líder da União Cívica Feminina paranaense, tratava-se na verdade de um "desaforo" dos "comunistas", que haviam enviado "livros comunistas para todos os cursos primários". Segundo ela, "O livro era horrível. Incutia na cabeça das crianças que todo industrial era um ricaço fumando charuto e elas estavam ao lado [deles], paupérrimas, esqueléticas"[31]. Além disso, consta que a brochura fazia apologia ao programa das malditas Reformas de Base[32].

No início de março de 1964, a *Folha do Comércio*, o jornal da Associação Comercial do Paraná, engrossou o protesto e publicou uma declaração do líder católico Alceu Amoroso Lima criticando as intenções do governo e, por tabela, o "Livro Único":

> "O professor Alceu Amoroso Lima declarou para *O Globo* que o decreto assinado pelo presidente João Goulart, autorizando o Ministério da Educação a editar livros escolares, é perigoso de ser aplicado, porque a comissão encarregada de editá-los deverá preparar os textos *de acordo com a posição ideológica dominante no Governo*, como tem acontecido com outras comissões que editam livros oficiais[33]."

Num estilo mais sombrio e enfático, a cúpula do Exército também tratou dessa questão pedagógica:

---

[31] Rosy Pinheiro Lima, líder da União Cívica Feminina Paranaense. Depoimento ao projeto Memória Viva do Paraná/Museu da Imagem e do Som (MIS).

[32] V. o depoimento do ex-governador Ney Braga (PDC-PR) em Adherbal Fortes de Sá Jr., *Ney Braga*: tradição e mudança na vida política. Curitiba: Ed. do autor, 1996, p. 190. A informação foi confirmada pela líder da União Cívica Feminina Paranaense Rosy Pinheiro Lima. Curitiba. Entrevista concedida a Marcus Roberto de Oliveira em 29 jan. 2001.

[33] *Folha do Comércio*, 2 a 8 de mar. de 1964, p. 7, grifos nossos.

> "O Ministério da Educação e Cultura transformara-se em instrumento de infiltração comunista. O Diretório do Ensino Secundário, apoiado na assessoria estudantil e em alguns técnicos do MEC, levava a intranquilidade aos estabelecimentos de ensino, baralhando responsabilidades e minando a autoridade dos educadores. Verbas vultosas eram fornecidas para comprometer a liberdade de consciência. Livros eram impressos para serem adotados, indistintamente, por todos os estabelecimentos de ensino, havendo mesmo alguns deles que reformulavam a História do Brasil em bases marxistas[34]."

Seja como for, os conservadores paranaenses resumiram os dois lados do problema do ponto de vista liberal. A decisão do MEC, ao mesmo tempo em que interferia no mercado de livros didáticos, terminava, por essa via, monopolizando o mercado de "ideias", dois espaços concebidos por eles como a base da democracia liberal. Duas liberdades sagradas eram assim ofendidas: a liberdade de empreendimento e a liberdade de pensamento. Todas as contas feitas, "O que se pretende, está mais do que visto, não é propiciar o ensino aos filhos das classes menos favorecidas (já que se promete extensão do direito de voto aos analfabetos). O que se pretende é apenas isto: estatizar, monopolizar e comunizar o ensino. Tática infame e covarde", como o editorialista de um periódico de Curitiba previa[35].

No dia 24 de março, durante a Marcha em Curitiba, o estudante Luiz Roberto Vialle, "em nome da mocidade" ali presente, sublinhou um terceiro aspecto: as medidas do governo tinham a ambição, caso efetivadas, de "bitolar as novas gerações dentro do ateísmo e do regime incompatível com o desejo da maioria do povo brasileiro", i.e., o comunismo[36].

Havia assim no Paraná dois temas superpostos e que funcionaram como polo de atração e de fusão de interesses tanto para os empresários

[34] Relatório da 5ª Região Militar do Paraná, abr. de 1964.

[35] *Revista Panorama*, abr. de 1964, p. 49.

[36] *Folha do Comércio*, 30 de mar. a 5 de abr. de 1964, p. 8.

do catolicismo militante quanto para os católicos do empreendedorismo profissional. Enquanto a UCF batia-se contra a encampação dos colégios religiosos (em nome da "liberdade de pensamento") e contra a adoção dos livros didáticos oficiais (em nome da "liberdade de cátedra", conforme sua bandeira), a ACOPA via na encampação das escolas particulares um insulto à "livre iniciativa" econômica. No que diz respeito ao "Livro Único" o risco maior era regido por razões nada espirituais: o monopólio estatal das brochuras escolares prejudicaria os interesses econômicos de diretores da ACOPA ligados à indústria gráfica que produzia livros didáticos. Era, nesse caso, a "liberdade de mercado", ou a de reserva de mercado, mais exatamente, e suas recompensas terrenas, que estavam em questão.

Como esses dois grupos sociais organizaram a Marcha a favor do Ensino Livre? Qual o perfil de suas atuações respectivas? E que alianças fizeram para converter sua agenda, no fim das contas bastante restrita e fixada em uma questão aparentemente "menor" naquela conjuntura, em uma plataforma anti-Goulart?

Ainda que o movimento vitorioso de 1964 contasse amplamente em Curitiba com o apoio da cúpula da Igreja Católica[37] e com a participação de diversos grupos religiosos, a União Cívica Feminina foi a associação que no final das contas planejou e organizou, junto com a ACOPA, a manifestação contra o governo. As cristandades locais reservaram sua energia para o dia da Marcha. Os diretores dos colégios católicos e seus alunos compareceram em massa, mas quando tudo já estava arranjado pelas lideranças.

Antes da "Marcha do Livro", a ação política da UCF desdobrou-se simultaneamente em muitas frentes: os setores católicos promoveram

[37] No dia 31 de março os bispos da Igreja Católica no Paraná redigiram um documento criticando o comunismo e prestando pleno apoio à intervenção militar. Cf. José Pedro Kunhavalik, *Ney Braga*: trajetória política e bases de poder. Dissertação (mestrado). Programa de Pós-Graduação em Sociologia Política. Universidade Federal de Santa Catarina, 1999, p. 107. O texto estava assinado, dentre outros, pelo arcebispo de Curitiba à época, Dom Manuel da Silveira D'Elboux.

a vinda do Deputado Armando Falcão (UDN-SP) à Curitiba e Ponta Grossa nos dias 6 e 7 de março para "ministrar palestras", estabeleceram contatos com a Campanha da Mulher pela Democracia do Rio de Janeiro para fundar uma filial em Florianópolis, visitaram a Assembleia Legislativa do Paraná e a Câmara Municipal de Curitiba e excursionaram para outros municípios a fim de apoiar a organização de outras Marchas da Família. Promoveram também cursos de orientação política direcionados a diversos setores da sociedade (mas principalmente às camadas médias)[38]. O tema central desses encontros era "a educação", e girava basicamente em torno do livro oficial da disciplina de História. (Na UCF, a questão do "Livro Único" obteve maior repercussão do que a encampação das escolas particulares). Nas visitas aos vereadores Jobar Cassou (UDN) e Menotti Caprilhone (Partido Republicano), a demanda principal levada pela União Cívica era a anulação do "absurdo título" de cidadão honorário de Curitiba a ser concedido ao presidente João Goulart em 29 de março de 1964; nas articulações junto à Assembleia Legislativa, conduzidas pelos deputados Haroldo Leon Peres (UDN), Rubens Requião (UDN) e Aníbal Khury (PTN), pretendia-se conquistar a adesão do governador Ney Braga (PDC) à campanha contra o "Livro Único" e, assim, a oficialização do movimento antigovernista[39]. Realizaram enfim pequenos protestos locais antes da Marcha (como o ato de repúdio a uma conferência de Darcy Ribeiro, reitor da Universidade de Brasília, na Universidade Federal do Paraná).

---

[38] Dalila de Castro Lacerda lembra que, nos diversos encontros para a preparação da Marcha em Curitiba, participaram "várias pessoas de diferentes setores" da sociedade: "Nas reuniões, médicos, enfermeiros, professores e professoras, donas de casa, empresários, advogados, todos estavam de acordo com o movimento que fazíamos. Pessoas de bairros, alunos de colégios que nos apoiavam e operários que percebiam o perigo que seria uma mudança [nos rumos do] governo". Dalila de Castro Lacerda em entrevista concedida a Marcus Roberto de Oliveira em 25 jan. 2001.

[39] Cf. Luiz Geraldo Mazza em entrevista concedida a Marcus Roberto de Oliveira em 19 jan. 2001. Para o "absurdo título", cf. *Ata da Reunião* da UCF Paranaense em 17 mar. 1964.

Contudo, se em Minas Gerais o chefe do Executivo, Magalhães Pinto, era um dos conspiradores mais conhecidos e, em São Paulo, Ademar de Barros apoiara entusiasticamente, com Dona Leonor à frente, a Marcha da Família, no caso do Paraná essa questão era bem mais delicada. Com a renúncia de Jânio Quadros, seu principal apoiador, Ney Braga, passou a depender da simpatia e do apoio do governo federal a fim de implementar o projeto de modernização da economia do estado. Sem grandes recursos, o governismo era sua salvação terrena e sua única opção política[40], apesar das diferenças ideológicas entre o governador e o presidente.

Na avaliação mais contundente da líder da UCF, a história foi a seguinte:

> "O Ney Braga estava em cima do muro e não queria se manifestar. Chegamos lá, pegamos uma criança e ela entregou o livro para o Ney. Aí ele se manifestou: rasgou o livro e jogou no chão. Mas ele não se manifestava, estava em cima do muro. Um general que trabalhava conosco e depois morreu, [Iberê de] Mattos, foi ao Ney (ele, o Ruy Itiberê e vários senhores, porque trabalhávamos com a Associação Comercial e a Federação das Indústrias[41]. Nossas reuniões eram cheíssimas). Eles foram ao Ney e também a vice-presidente da UCF, Leonor Castellano, foi (eu não quis ir porque o Ney não gostava de mim), e o Ney os tratou mal.

---

[40] Quando renunciou o presidente "Jânio, Ney foi uma das lideranças regionais a favor da posse de Jango e, posteriormente, da volta do presidencialismo. Sua posição política flutuava entre a 'esquerda' (PTB) e a 'direita' (UDN, PSD, Partido Republicano)". Luiz Geraldo Mazza em entrevista concedida a Marcus Roberto de Oliveira em 19 jan. 2001. De acordo com o jornalista de *Última Hora*, o governo Ney Braga foi o que mais obteve recursos junto à "União" em 1963. Para a alta dependência do estado de recursos federais, cf. R. N. Torres, *Meninos, eu também vi!* Curitiba: s.c.p, 1999, p. 82.

[41] A Federação das Indústrias do Paraná, assim como todos os sindicatos em Curitiba, encontrava-se na jurisdição do Ministério do Trabalho. Diante disso, sua participação no evento foi discreta, pois, caso contrário, o Ministério poderia intervir legalmente e destituir as diretorias. Cf. Heron Arzua em entrevista concedida a Marcus Roberto de Oliveira em 12 mar. 2001.

Disse que sabia o que estava fazendo e não se definiu. Nós queríamos que ele se definisse a favor da Revolução, e ele não se definiu. Só se definiu no dia da Marcha do Livro[42]."

Assim, a preparação da Marcha em Curitiba não se articulou politicamente com o governo do estado. Foi resultado de um trabalho conjunto da UCF e da ACOPA, somente. A preocupação com as propostas de "política educacional" será o ponto em comum entre a União Cívica e a Associação Comercial, ainda que essa temática tenha sido refratada segundo os valores e os interesses de cada setor.

A União Cívica Feminina mostrou-se extremamente organizada e atuante na crise de 1964. Manteve, para além de sua mobilização nos círculos católicos de classe média, contatos com parlamentares ligados à conspiração, como se viu, e ligou-se a um diretor da ACOPA – Ruy Itiberê da Cunha. A ACOPA era um braço do complexo IPES/IBAD no Paraná e o papel da Associação Comercial na organização da Marcha a Favor do Ensino Livre foi fundamental. Principalmente na divulgação da campanha anti-Goulart através do seu semanário *Folha do Comércio*, que dava plena cobertura à conspiração tanto no nível local, quanto no nível nacional, ressaltando temas relacionados ao movimento[43].

Da diretoria da ACOPA[44], o presidente Oscar Schrappe Sobrinho foi o membro mais atuante. Dele partiu a ideia da criação do Comando

---

[42] Rosy Pinheiro Lima, líder da União Cívica Feminina Paranaense. Depoimento ao projeto "Memória Viva do Paraná"/Museu da Imagem e do Som (MIS).

[43] Em janeiro de 1964 a ACOPA organizou, com a Associação Comercial do Rio de Janeiro, o primeiro curso de formação de lideranças políticas da Escola Superior de Guerra em Curitiba, mostrando grande empenho ideológico na causa golpista. Cf. Noel Lobo Guimarães em entrevista concedida a Marcus Roberto de Oliveira em 9 abr. 2001.

[44] A diretoria da ACOPA era assim composta em 1964: Oscar Schrappe Sobrinho (presidente), Eros José Alves (secretário geral), Noel Lobo Guimarães, Ruy Itiberê da Cunha, Genésio Moreschi, Asdrúbal Bellegard, Jaime Prosdócimo, João Chalbaud Biscaia (diretores), Heron Arzua (consultoria jurídica) e Ruben Pinheiro (depto. econômico).

Geral das Classes Produtoras (COMCLAP) em reunião realizada no dia 10 de março no Rio de Janeiro na Confederação das Associações Comerciais do Brasil. Logo depois, no dia 15 de março, compareceu a um encontro, juntamente com o deputado Rubens Requião (UDN-PR), convocado por Paulo de Almeida Barbosa (presidente da Associação Comercial de São Paulo), para discutir a "calamitosa situação nacional".

A Associação Comercial formou grupos organizados para a conspiração segundo as bandeiras locais, com ênfase na *Comissão Pró-Ensino Livre*, presidida por Ruy Itiberê da Cunha. Essa comissão, composta por diversos diretores e proprietários de colégios particulares ligados à ACOPA, foi criada exclusivamente para organizar os protestos contra as "encampações"[45]. Os donos de colégios particulares que atuaram no movimento eram, evidentemente, os principais interessados em que a proposta de estatização de escolas particulares fosse derrubada. Por seu turno, a questão do monopólio dos livros didáticos pelo governo federal, conforme o projeto do "Livro Único", foi combatida com notável disposição pelo próprio presidente da Associação Comercial, que possuía expressivas ligações com a indústria gráfica: ele era o dono das "Impressões Paranaenses", o proprietário da *Revista Panorama* e presidia, além da ACOPA, o Sindicato das Indústrias Gráficas. Tinha, por essa via, grande inserção no mercado de livros escolares[46].

---

[45] Cf. *Folha do Comércio*, 30 de mar. a 5 de abr. de 1964, p. 4. Estavam presentes na Comissão representantes dos "colégios Iguaçu, Novo Ateneu, Bom Jesus, Escola de Educação Familiar, Ginásio N. S. Rosário, Divina Providência, Sagrado Coração de Jesus, Sta. Terezinha, São José, Sacré Coeur e Sacré Coeur de Maria". *Folha do Comércio*, 30 de mar. a 5 de abr. de 1964, p. 8.

[46] Cf. Noel Lobo Guimarães em entrevista concedida a Marcus Roberto de Oliveira em 9 abr. 2001. Além das firmas de Schrappe Sobrinho, a Distribuidora Cummins (presidida por Asdrúbal Bellegard), a Cia. Paranaense de Representações (CIPAR), de propriedade de Noel Lobo Guimarães, e o Bamerindus de Avelino Vieira deram suporte ao movimento em Curitiba. Conforme Dreifuss, essas empresas contribuíam para o "complexo" IPES/IBAD, o que bem poderia caracterizar a ACOPA como uma representação desse "complexo" no nível regional. Ver Dreifuss, *1964*, *op. cit.*, Anexos.

O desfile dos conservadores

Para o *Estado de S. Paulo* havia uma grande diferença entre a Marcha da Família, em São Paulo, e o Comício da Central, no Rio de Janeiro. Com Goulart estavam "gentes dos morros". Mas na Marcha em São Paulo, não. "A multidão desta vez [era] composta de brasileiros profundamente cônscios de seus deveres e obrigações, brasileiros que, por seu passado, já sobejamente demonstraram a sua capacidade na construção da mais formosa parcela da economia nacional e da mais alta expressão da cultura brasileira"[47].

O elitismo dessa formulação traduz uma intuição sociológica fundamental. Ela ilustra com perfeição as bases *sociais* da divisão do campo ideológico no Brasil na primeira metade dos anos 1960. A "mais formosa parcela da economia nacional" estava então representada pelo empresariado paulista – a FIESP, o CIESP e, com destaque, a Sociedade Rural Brasileira (SRB) –, coordenados pelo IPES. A "mais alta expressão da cultura brasileira", pelo próprio jornal, evidentemente; e "a multidão" (e não a massa, note-se) era guiada pelos profissionais liberais, pelas associações de donas de casa católicas e pelos políticos da UDN e do PSD reunidos na Aliança Democrática Parlamentar.

Ainda que Sávio de Almeida Prado, líder do IPES e da SRB e um dos organizadores da Marcha, tenha celebrado a manifestação anti-Goulart como "um milagre de fé"[48], entre os dias 13 e 19 de março, seis reuniões preparatórias foram realizadas. Originalmente planejada como "Marcha do Desagravo ao Santo Rosário", foi rebatizada no dia 14 para "Marcha da Família com Deus pela Liberdade". A cada

---

[47] Editorial. *O Estado de S. Paulo*, 21 mar. 1964, p. 3. *Apud* André de Faria Pereira Neto, "O Estado de São Paulo e a deposição do Presidente Goulart (1964): um estudo sobre as peculiaridades do liberalismo no Brasil". *Revista de História Regional*, Ponta Grossa (PR), vol. 4, n. 2, Inverno, 1999.

[48] Declaração citada por Dreifuss, *1964*, *op. cit.*, p. 298. *Apud* J. W. Foster DULLES. *Unrest in Brazil*: political-military crisis – 1955-1964. Austin: University of Texas Press., 1970, p. 275.

encontro as adesões cresciam em importância e em número. Às duas últimas reuniões, nos dias 17 e 18, duas mil e quinhentas pessoas compareceram no Auditório do Rotary Club em São Paulo.

No dia 19 de março de 1964, milhares desfilaram na Marcha da Família em São Paulo. "Eles foram chegando aos poucos à Praça da República. E, antes das 14h, já ocupavam todos os espaços do local. Quando partiram em direção à catedral da Sé, somavam, segundo estimativas da época, meio milhão de pessoas, ou cerca de 10% da população da cidade de São Paulo naquele ano"[49]. Na primeira fila estavam vários ipesianos, os deputados da UDN Herbert Levy, Conceição da Costa Neves e o senador Padre Calazans e os deputados do PSD, Jairo Albuquerque e Cunha Bueno. Junto com a freira Ana de Lourdes, o último foi o maior incentivador inicial do movimento de protesto contra Goulart. O deputado Antônio Sílvio Cunha Bueno, membro da Ação Democrática Parlamentar, o braço político do complexo IPES/IBAD no Congresso Nacional, encarnava o perfil típico do político conservador contra as Reformas. No seu pronunciamento à multidão enfatizou: "Os brasileiros aqui estão reunidos para dizer ao presidente da República: Basta! Basta! Basta!".

Quando a passeata chegou à Sé, depois de percorrer em uma hora e meia o caminho que sai da Praça da República passando pela Rua Barão de Itapetininga, Praça Ramos de Azevedo, Viaduto do Chá, Praça do Patriarca e Rua Direita, discursaram, entre outros, o líder direitista Plínio Salgado (antigo chefe da organização fascista Ação Integralista Brasileira) e Auro de Moura Andrade, presidente do Congresso Nacional. Enquanto Plínio clamava por uma intervenção militar ("Bravos soldados, marinheiros e aviadores de nossa pátria, sereis capazes de erguer vossas armas contra aqueles que querem se levantar, aqueles que se levantam contra a desordem, a subversão, a anarquia, o comunismo? Esta manifestação não vos comove?"), o senador pessedista frisava os limites que o governo Goulart não deveria ousar transpor: a legalidade e a cristandade. "Que sejam feitas

[49] *Folha de S. Paulo*, 20 jan. 2004, p. C2.

as reformas, mas [...] pela Constituição. Senão, não. Pela consciência cristã do nosso povo. Senão, não"[50].

O tema da legalidade na Marcha paulista – i.e., a defesa da Constituição de 1946 e dos princípios democráticos – reencontrou a mitologia do "espírito de 32", como Herbert Levy recomendou. Nas faixas dos protestantes, "a favor da consciência cristã do Brasil", conforme o general Nelson de Mello, podia-se ler os previsíveis apelos anticomunistas ("Abaixo os imperialistas vermelhos"; "Reformas sim, comunismo não") e antipopulistas ("Tá chegando a hora de Jango ir embora"; "Renúncia ou *Impeachment*"). Mas também a faixa mais curiosa da vingança paulista contra o caudilhismo populista gaúcho: "32 + 32 = 64"[51].

Em Curitiba, a "Marcha a Favor do Ensino Livre" foi realizada cinco dias depois da Marcha paulista, em 24 de março, e ainda por cima, "sob chuva torrencial". Seguindo o mesmo enredo do movimento "nacional" (i.e., o desfile de São Paulo), aproximadamente trinta mil manifestantes, numa população total de pouco mais de 350 mil pessoas, saíram da Praça Santos Andrade (no centro da cidade, em frente à Universidade Federal do Paraná, onde funcionavam os cursos de Medicina e Direito) e se dirigiram ao Palácio Iguaçu, no setor administrativo. Pretendiam com isso conseguir o apoio do governador ao movimento "contra a massificação do ensino".

---

[50] Todas as passagens entre aspas são da matéria "São Paulo parou ontem para defender o regime". *Folha de S. Paulo*, 20 mar. 1964.

[51] Para a referência à causa paulista cf. Hélio Silva, *1964*: golpe ou contragolpe? Porto Alegre: L&PM, 1978, p. 339. Para a frase do ex-Ministro da Guerra de João Goulart e o conteúdo das faixas, v. Dreifuss, *op. cit.*, p. 298 e Heloísa Starling, *Os senhores das Gerais*. Os novos inconfidentes e o golpe de 1964. Petrópolis: Vozes, 1986, pp. 33-34. Para uma crônica detalhada da Marcha em São Paulo, cf. Simões, *Deus, pátria e família*, *op. cit.* Não só as faixas eram reveladoras do anticomunismo e do antipopulismo da opinião pública conservadora. As palavras de ordem gritadas durante o comício na Sé também: "1, 2, 3, Brizola no xadrez. Se tiver lugar, vai o Jango também" e "Verde-amarelo, sem foice e martelo". Cf. *Folha de S. Paulo*, 20 mar. 1964.

Nas primeiras fileiras, "à frente dos manifestantes, marchavam o Senador Adolpho de Oliveira Franco (UDN), os deputados Jorge Curi, Rubens Requião e Edgar Távora (todos da UDN); vereadores Jobar Cassou (UDN) e João Derosso (PSD)"[52]. No ato destacaram-se Maria Aparecida Portugal Alves ("membro do comitê executivo da marcha e incentivadora principal desse movimento"[53]), Luiza Bueno Gonm e Esther Gaspareto (vice-presidente da UCF), Rui Itiberê da Cunha (presidente do comitê) e os diretores dos colégios dos Irmãos Maristas (católico e privado). No registro fotográfico da *Revista Panorama* pode-se ler com nitidez uma grande faixa: "Só queremos um livro: a Constituição do Brasil".

O governador Ney Braga estava no Palácio Iguaçu e, ao lado de seu secretariado e de diversos parlamentares (em sua maioria da UDN), recebeu os manifestantes, definiu enfim um lado para guerrear e proferiu um discurso solene cujo tom pode ser medido por uma de suas orações menos polidas: "[...] o livro que os senhores me trouxeram eu não jogo fora daqui para não sujar o chão do Paraná" [54].

Se os paulistas marcharam solenemente em direção à Igreja, em nome de Deus, os paranaenses andaram piamente em direção ao Governo para encontrar o Mercado.

Conclusões

Destinadas a converter a opinião pública e a mobilizar a "sociedade como um todo" contra a política reformista do governo João Goulart e, no seu embalo, a ameaça de uma república sindicalista, as Marchas da Família foram a expressão ideológica mais explícita da conjugação do anticomunismo e do antipopulismo no Brasil no pré-1964.

---

[52] *Folha do Comércio*, 30 de mar. a 5 de abr. de 1964, p. 8.

[53] *Ata da Reunião* da UCF Paranaense em 31 mar. 1964. Aí se menciona o número de participantes da Marcha e a "chuva torrencial".

[54] *O Estado do Paraná*, 25 de mar. de 1964, p. 4. Para a foto e a faixa, ver *Revista Panorama*, abr. 1964.

Postas lado a lado, as Marchas de São Paulo e Curitiba permitem, contudo, diferenciar, sob o mesmo enredo e ladainha, as modalidades regionais da tradução política desse ideário típico das camadas médias tradicionais na IV República brasileira. Seja em função de variáveis estruturais (a base social das diversas organizações que conduziram as duas passeatas), seja em função de variáveis puramente conjunturais (o papel que cada setor social – camadas médias e elites empresariais – cumpriu na idealização e na organização dos movimentos), é necessário enfatizar três aspectos opostos das duas mobilizações estaduais.

Em primeiro lugar, *a forma de expressão do anticomunismo e do antipopulismo* na cena política. Em São Paulo, o anticomunismo manifesta-se através do *catolicismo conservador* (a defesa dos "valores tradicionais cristãos") e o antipopulismo através do *legalismo constitucional* (a defesa, assim como em 1932, da vigência da Lei como anteparo à ação política reformista). Em Curitiba, o anticomunismo vem codificado na linguagem elegante do *liberalismo clássico* (a defesa da "livre iniciativa", a essência do liberalismo econômico, e a defesa da "liberdade de pensamento", a do liberalismo político). Ele é, sob esse aspecto, mais arejado e menos obscurantista que o primeiro.

Em segundo lugar, *o conteúdo por meio do qual se expressa o antiestatismo.* Na marcha paulista, as questões políticas ocuparam o primeiro plano: defesa da legalidade jurídica contra a intervenção do Estado através das "reformas de base" na vida econômica e social. Na outra marcha, a curitibana, as questões ideológicas – a defesa do direito individual de escolher uma educação não laica e de eleger livremente os meios de instrução – ocuparam o primeiro plano. O mais curioso aqui é como um tema muito regional pôde expressar-se na linguagem universal das "liberdades".

Por último, *o lugar* (dominante ou subordinado) *das classes e de suas organizações políticas em cada fase dos respectivos movimentos* – e a repercussão dessa hierarquia sobre o perfil específico assumido pelo protesto que resulta daí. Como se trata de resumir o papel dos agentes sociais na história das duas Marchas, esse ponto exige uma explicação mais pormenorizada.

Em Curitiba, a Marcha a Favor do Ensino Livre contou desde o início com a ação conjunta da União Cívica Feminina e da Associação Comercial do Paraná – expressões organizacionais das camadas médias tradicionais e das elites empresariais, respectivamente – na idealização e na organização do protesto. Os trabalhos simultâneos e complementares desenvolvidos por essas duas entidades diante das propostas de política educacional do MEC (enquanto a UCF atuou na *mobilização* política da "sociedade", a ACOPA cuidou da *propaganda* ideológica do movimento) impedem que se indique o setor social que detém a hegemonia política e a hegemonia ideológica sobre o processo. Contudo, ainda assim é preciso diferenciar o liberalismo político antipopular da União Cívica Feminina do liberalismo econômico antiestatista da Associação Comercial, ainda que ambos se encontrem na oposição militante ao governo.

A tradução da oposição ao *governo* Goulart (mas não necessariamente ao *regime populista*; o antipopulismo é uma matriz ideológica secundária no movimento paranaense) na linguagem do liberalismo político ("liberdade de pensamento e expressão") decorre em linha direta da representação que as camadas médias urbanas – bancadas pelo movimento feminino e católico na UCF – fazem do comunismo na prática. A questão do Livro Único ressalta um tema sensível aos críticos do "totalitarismo": o monopólio de ideias pelo Estado (daí no Paraná a defesa excêntrica, quando se pensa na conjuntura nacional, da "liberdade de cátedra"). A proposta de encampação dos colégios particulares atinge outra prerrogativa sagrada das sociedades democráticas: a liberdade de pensamento ou o direito de professar uma religião contra a ideologia oficial dos "Estados totalitários". Já para a Associação Comercial a questão do Livro Único é um problema somente terreno. O monopólio da produção e da distribuição de livros pelo Estado contraria a "liberdade de mercado". A ACOPA bate-se também a favor da "livre iniciativa". Essa é a questão que está colocada pelo movimento dos pequenos e médios empresários diante da estatização das escolas privadas. O liberalismo econômico é aqui o reflexo direto de uma posição de classe.

O caso da Marcha da Família em São Paulo e em outros estados importantes é relativamente mais complexo. Como se viu, se a idealização da passeata, como resposta direta ao 13 de março, partiu de setores políticos conservadores (contra o "caos") e católicos (a favor do "rosário"), serão as entidades femininas, as associações religiosas e as organizações do patronato em conjunto, coordenadas/financiadas pelo IPES, mas dirigidas pelo movimento das mulheres, que tomarão a si a tarefa de organizar o movimento. A mudança do nome – de "Marcha do Desagravo ao Santo Rosário" para "Marcha da Família com Deus pela Liberdade" – não resultou apenas da sugestão de uma deputada udenista a fim de incentivar a "participação de todos os credos", mas significou a perda do controle exclusivo do movimento por parte dos setores apenas católicos.

A hegemonia política da UCF em São Paulo, da CAMDE no Rio de Janeiro e da LIMDE em Belo Horizonte não se converte, portanto, em hegemonia ideológica, o que implica dizer que as camadas médias tradicionais têm de compartilhar (de muito boa vontade, aliás) com os setores de elite, representados no IPES, suas plataformas. A recusa do "totalitarismo" (anticomunismo) e do "governo irresponsável" (antipopulismo) servirá para ambos. A frase estampada no cartaz "Tá chegando a hora de Jango ir embora" – antecipação em linguagem coloquial do editorial "Fora!" do *Correio da Manhã* de 1 de abril de 1964 – funciona como uma senha para exprimir duas reivindicações: a defesa da "ordem" social contra as reformas sociais e a defesa da "democracia" e dos "valores ocidentais" contra o totalitarismo.

Para os setores de elite (a SRB, por exemplo), a manutenção da ordem implica em adiar as reformas, principalmente a da propriedade da terra, para fazê-las somente dentro da "legalidade constitucional", i.e., para não as fazer. A preservação da democracia, por seu turno, não é certamente a preservação pura e simples do regime eleitoral atual ("populista"). Essa palavra de ordem, concebida em termos puramente formais, é um dique que se levanta contra o "comunismo" e seu rosário de males "totalitários": o partido único, a propriedade coletiva, o controle estrito da vida social e das consciências – em suma, o fim das liberdades individuais. Mas é também uma comporta que se abre para uma sorte de democracia que foi o regime dos sonhos do conservantismo brasileiro entre 1945 e 1964: uma fórmula política ao mesmo tempo *antipopular*, destinada a reprimir as reivindicações "irresponsáveis", e *antipopulista*, porque pretendia ser imune à "demagogia" e à "corrupção", as outras legendas do discurso ideológico próprio das camadas médias brasileiras.

2.

O GOLPE DE 1964 E O REGIME DE 1968

O objetivo deste capítulo é ilustrar, em grandes linhas, o processo de conversão da *mentalidade autoritária* brasileira no imediato pós-1964 – um ideário que se definia muito mais por suas características negativas (anticomunista, antipopulista e adepto de um moralismo reformador bastante vago "contra a corrupção") – em um *sistema político autoritário* no pós-1968. A tese fundamental que pretendo ilustrar é que 1964 só se consuma politicamente em 1968. Isto é: o *golpe político-militar* de 31 de março-1 de abril de 1964 somente se concretiza como *regime ditatorial-militar* em 13 de dezembro de 1968 após a edição do Ato Institucional n. 5[55].

Essa constatação, banal do ponto de vista histórico e historiográfico, adquire algum interesse se puder ser explicada em função de duas dimensões complementares: *i*) a político-social e *ii*) a político-militar.

---

[55] Segundo Juan Linz, regimes políticos autoritários baseiam-se mais em "mentalidades" do que em ideologias elaboradas. Ideologias são sistemas de crenças mais elaborados e sistematizados e são típicas de regimes totalitários como o nazismo, o comunismo e o fascismo. Já mentalidades são formas de pensar, visões de mundo ou atitudes intelectuais perante os fatos políticos que, ao contrário das ideologias organizadas, não são mobilizadoras, nem criam uma forte identificação emocional com os governantes ou com o Estado. Ver Juan Linz, An Authoritarian Regime: The Case of Spain. *In:* E. Allard & Stein Rokkan (eds.). *Mass Politics: Studies in Political Sociology*. New York: The Free Press, 1970.

A primeira dimensão diz respeito à sociedade civil; a segunda dimensão, ao Estado. Isso significa que o entendimento da evolução de um regime político de exceção – e esse é o problema empírico a ser tratado aqui – requer uma atenção específica seja à cena política, seja à dinâmica interna do aparelho do Estado (além, evidentemente, da relação entre essas duas esferas). A análise dos conflitos entre classes, partidos, dissidências, organizações, frentes políticas, movimentos e atores civis (isto é, a competição política) tem de ser complementada pela compreensão das relações de força e influência entre grupos, *cliques* e facções militares no interior do Estado.

Tendo presente esses parâmetros, seria um erro sustentar que "os momentos de intensificação do autoritarismo [...] decorrem *em linha direta* do golpe de 64"[56]. Assim, qualquer análise mais complexa da história política do regime deve levar em conta, necessariamente, o comportamento da sociedade ou, no caso que aqui nos interessa, das "oposições". O estudo de Moreira Alves comprovou que "formas específicas de controle tiveram de ser criadas em resposta a desafios apresentados pela sociedade civil [...] Estes períodos (de intensificação do movimento oposicionista) determinaram a reorganização das estruturas de Estado, de modo a desenvolver novos mecanismos de controle e impor novamente a conformidade"[57].

Igualmente, é preciso enxergar de perto o que se passa no âmbito desse Estado. Nos regimes ditatorial-militares, as Forças Armadas assumem, no sistema institucional dos aparelhos do Estado, o papel dominante porque afinal controlam os "postos de comando essenciais" e os "centros de poder real"[58]. Isso implica em investigar também

---

[56] Sebastião Velasco e Cruz & Carlos Estevam Martins, "De Castello a Figueiredo: uma incursão na pré-história da 'abertura'". *In*: Bernardo Sorj e Maria Hermínia Tavares de Almeida (orgs.). *Sociedade e política no Brasil pós-64*. 2.a ed. São Paulo: Brasiliense, 1984. p. 15.

[57] Maria Helena Moreira Alves, *Estado e oposição no Brasil* (1964-1984). Petrópolis: Vozes, 1984, p. 315.

[58] Nicos Poulantzas, *La crise des dictatures*. Portugal, Grèce, Espagne. Paris: Seuil, 1975, pp. 122-123.

as lutas internas em torno de projetos políticos específicos que se desenvolvem no próprio seio do aparelho militar, subdividido de alto a baixo por grupos diferentes e rivais.

Stepan chamou a atenção para a diferenciação desses grupos no interior das Forças Armadas brasileiras. Ele insistiu na existência de uma corrente mais "profissional", vinculada à Escola Superior de Guerra (ESG) e reunida em torno do marechal Castello Branco, o primeiro ditador do regime[59]. O corolário dessa ideia pode ser encontrado na representação dualista da dinâmica política que organizou o aparelho militar no pós-64. Ela representou o panorama militar como dividido entre duas forças fundamentais: "castellista" ou "esguiana", de um lado, e a "linha dura" ou "radical", de outro[60]. Martins Filho sustentou uma interpretação mais sofisticada da fragmentação do aparelho militar no Brasil do período que vai da posse de Costa e Silva, em março de 1967, até a eclosão da crise política em abril de 1968. As Forças Armadas estariam divididas, ao invés de duas, em quatro correntes políticas: castelistas, albuquerquistas (do general Albuquerque Lima), linha dura e palacianos (a *entourage* do presidente)[61]. Essa

---

[59] Alfred Stepan, *The Military in Politics*. Changing Patterns in Brazil. Princeton: Princeton University Press, 1971.

[60] Ver Eliézer Rizzo Oliveira, Conflits militaires et decisions sous la présidence du Général Geisel. *In:* Alain Rouquié (dir.). *Les partis militaires au Brésil*. Paris: Presses de la FNSP, 1980.

[61] Ver João Roberto Martins Filho, *O palácio e a caserna*: a dinâmica militar das crises políticas na ditadura (1964-1969). São Carlos: Editora da UFSCar, 1995, especialmente o cap. IV. Esse ponto é bem aprofundado no capítulo 3 ("A natureza militar da ditadura brasileira"). Albuquerque Lima, que foi ministro do Interior de Costa e Silva, comandou em 1965 uma Liga Democrática Radical (Lider) que contestou os resultados das eleições de 5 de outubro de 1965 na Guanabara (vencida por Negrão de Lima) e de ameaça em ameaça essa turma fez com que Castello Branco solicitasse do Congresso Nacional "a aprovação de um elenco de medidas que, além de tornar indiretas as eleições presidenciais, ampliava os poderes de intervenção do governo federal nos estados, restaurava o estatuto dos cassados, suprimia o foro especial para os que haviam desempenhado mandatos executivos, ampliava a competência da Justiça Militar para o

parece ser a divisão mais adequada para compreender a luta política interna no Estado ditatorial.

A evolução do regime ditatorial-militar esteve marcada por ciclos de repressão, isto é, de intensificação do autoritarismo, e por ciclos de liberalização ou de atenuação das restrições sobre a atividade política e partidária. Essa história, representada esquematicamente no Quadro 1, torna evidente o caráter não linear da evolução da política nacional entre 1964 e 1985[62].

Quadro 1. **Ciclos políticos do regime ditatorial-militar no Brasil (1964-1984)**

ciclos de repressão	ciclos de liberalização
1) 1964-1965: eliminação dos atores políticos ligados ao populismo (líderes partidários, sindicais) e a posições de esquerda em geral (AI-2);	1) 1965: adoção de uma política de "retorno à normalidade" pelo governo do general Castello Branco a fim de "constitucionalizar" o regime (AI-4);
2) 1966-1967: consumação dos expurgos políticos após a edição do Ato Institucional n. 2 em outubro de 1965;	2) 1967-1968: adoção da "política de alívio" pelo governo do general Costa e Silva, que envolvia tentativas de negociação com a oposição;
3) 1969-1973: enfrentamentos com a luta armada e constituição de um poderoso aparelho repressivo-militar;	3) 1974-1976: "política de distensão" adotada no início do governo do general Geisel;

julgamento de crimes políticos e submetia o Supremo Tribunal Federal (STF) à tutela do Executivo, através do aumento do número de juízes". Verbete LIMA, Albuquerque. In *Dicionário Histórico-Biográfico Brasileiro pós-1930*. https://www18.fgv.br/cpdoc/acervo/dicionarios/verbete-biografico/afonso-augusto-de-albuquerque-lima. Acesso em: 25 janeiro 2023.

62 No capítulo 9 ("Da ditadura militar à democracia liberal") proponho uma periodização dos acontecimentos políticos mais minuciosa.

4) 1975-1976: concentração da repressão em São Paulo a fim de enfrentar a emergência de uma grande frente de oposição;	4) 1977-1979: retomada da "distensão" política pelo governo do general Geisel após o 'pacote de abril' de 1977 tendo como objetivo final a revogação do Ato Institucional n. 5;
5) 1979-1984: repressão aos movimentos sociais de trabalhadores rurais e urbanos, principalmente ao novo movimento sindical do ABC de São Paulo.	5) 1979-1984: continuidade da "política de distensão" transformada agora na "política de abertura" do governo do general Figueiredo.

Fonte: Adaptado de Maria Helena Moreira Alves, *Estado e oposição no Brasil*, p. 319, Tab. 9.1.

A enumeração das datas e a alusão aos acontecimentos no Quadro 1 é mais ilustrativa do que explicativa. Ela informa bem o que aconteceu durante o regime ditatorial, alguns fatos principais, mas deixa em aberto duas questões essenciais: "como isso aconteceu?"; e "por que isso aconteceu assim (e não de outra forma)?". Se não se quiser oferecer uma resposta genérica a essas perguntas é preciso recortar, nessa longa sequência factual, um subperíodo a fim de comentá-lo em profundidade. Esse recurso simples exige do analista, por sua vez, uma visão mais detalhada dos processos políticos concretos e implica que se dê maior atenção a determinações de tipo conjuntural que a determinações de tipo estrutural.

É preciso, assim, fixar desde logo cinco pressupostos que informam minha análise:

i) a configuração política que decorre imediatamente do golpe de 1964 é resultado de um *autoritarismo de crise*[63] e não de

[63] Cf. Décio Saes, *Classe média e sistema político no Brasil*. São Paulo: T. A. Queiroz, 1984, p. 153.

um projeto completo e acabado das Forças Armadas para se constituírem como grupo politicamente dirigente[64];

ii) a militarização da cena política, e o controle estrito do sistema político pelas Forças Armadas, foram antes um *processo* que um evento (ou um "fato acabado");

iii) o processo contínuo de militarização do sistema estatal é simultâneo ao processo de *centralização do poder decisório nas cúpulas do Executivo federal* e a sua causa mediata;

iv) o ponto culminante desses três processos – a militarização do sistema político, a militarização do sistema estatal e a militarização da presidência da República – é o período entre 1969 e 1979;

v) o encontro entre esses três processos não é explicável sem referência aos conflitos políticos e sociais do ano de 1968 e, principalmente, à sua forma de solução autoritária.

1968 é, portanto, uma data fundamental na evolução política do regime ditatorial-militar brasileiro. Dois eventos opostos entre si são representativos dessa dinâmica processual e contraditória: a Passeata dos Cem Mil e o Ato Institucional n. 5. A marcha de 26 de junho no Rio de Janeiro resume a disposição de vários setores sociais para confrontar o processo de militarização do Estado, a política econômica recessiva e a restrição das liberdades individuais. A oposição política, até então difusa e desarticulada e incapaz de ser representada pela

---

[64] [Maria Celina D'Araujo e Celso Castro]: *Os conspiradores discutiram algum plano de governo para fazer face aos problemas do País?* [Ernesto Geisel] Resposta: "Não. O objetivo era tirar João Goulart. A ideia sobre o futuro governo era ainda muito superficial: pôr ordem no país, combater a inflação, assegurar o desenvolvimento. Eram sempre ideias muito gerais, sem coordenação. Não havia nada previsto nem quanto à ocupação dos cargos. Não tínhamos uma proposta de governo. Achávamos que esse problema iria ser resolvido depois. Em primeiro lugar, tínhamos de derrubar o Jango". *In:* Maria Celina D'Araujo e Celso Castro (orgs.). *Ernesto Geisel.* Rio de Janeiro: Editora Fundação Getúlio Vargas, 1997, p. 162.

Frente Ampla formada em outubro de 1966, assume então uma característica de "massa"[65]. O Ato 5, em 13 de dezembro de 1968, simboliza o ponto decisivo de inflexão do regime e o momento paradigmático do processo de reforço da centralização militar do poder de Estado. Os limites severos fixados à atividade política e aos direitos civis revelam a disposição dos militares em continuar, agora em estágio superior, o "movimento de 31 de março de 1964", o que restringe bruscamente a possibilidade da retomada do controle civil sobre a "Revolução" deles.

Vamos examinar então as causas principais da edição do AI-5, logo, as razões da vitória da extrema-direita militar e, portanto, do fracasso político do movimento oposicionista na conjuntura de 1968 para deter o processo "revolucionário". A questão é se é possível encontrar uma variável explicativa na interpretação desse processo histórico que dê conta do porquê da supremacia do grupo palaciano (a corrente ideológica militar mais influente nessa conjuntura) e da derrota das "oposições", aí incluídas a estudantil, a política, a parlamentar, a operária e as organizações clandestinas de luta armada. O problema de fundo é o das determinações de um evento político. Isto é, a articulação dos nexos causais que explicariam determinado resultado histórico – o fechamento da cena política e a transformação interna do regime. Numa palavra: a ditadura militar do Brasil.

Este capítulo está dividido em três partes. Na primeira procuro evidenciar os traços principais do regime brasileiro no imediato pós-1964 e menciono, ainda que brevemente, os eventos decisivos da conjuntura 1967-1968. A segunda parte é uma revisão da literatura a respeito das explicações sobre os fatores determinantes da solução autoritária para a crise de 1968. Na última parte tento formular uma explicação alternativa às existentes para pensar o 13 de dezembro. O teste dessa explicação dependerá, contudo, de pesquisas posteriores.

---

[65] João Quartim de Moraes, *Les militaires et les régimes politiques au Brésil de Deodoro à Figueiredo* (1889-1979). Thèse de doctorat d'État. Institut d'Etudes Politiques de Paris: Paris, 1982, p. 665.

O regime político pós-64

A dinâmica processual e a natureza contínua da "Revolução de 1964" (o nome oficial do golpe de Estado) já estão anunciadas na declaração do presidente Castello Branco em 27 de outubro de 1965 "à Nação": "No preâmbulo do" primeiro Ato Institucional "que iniciou a institucionalização do movimento de 31 de março de 1964 foi dito que o que houve e continuará a haver, não só no espírito e no comportamento das classes armadas, mas também na opinião pública nacional, é uma autêntica revolução". E mais exatamente: "Não se disse que a revolução foi, mas que é e continuará. Assim o seu Poder Constituinte não se exauriu [...]"[66].

Ainda que as Forças Armadas não possuíssem de antemão um plano de governo, um projeto para o País etc., a dinâmica do processo político entre abril de 1964 e outubro de 1965 indicava que a derrota definitiva do "populismo" – de sua agenda reformista, de suas lideranças "carismáticas" e de seus mecanismos de controle político e participação das massas – exigiria mais do que um governo de emergência e uma intervenção moderadora. O período que vai de março de 1967 a outubro de 1968 tornou evidente a baixa institucionalização das medidas autoritárias (apesar da intensidade da repressão inicial), a legitimidade de cada vez mais restrita do pronunciamento militar e a possibilidade rearticulação das forças político-sociais do pré-64, agora sob liderança do movimento estudantil, e não mais dos políticos populistas então cassados. E apesar de tudo, a Revolução continuou. Seu maior impulso foi o Ato Institucional n. 5. Através dele o presidente da República poderia (como de fato o fez) decretar

---

[66] Ato Institucional n. 2, Preâmbulo. Todas as referências aos Atos Institucionais serão feitas a partir de Paulo Bonavides, *História constitucional do Brasil*. 3ª. ed. Rio de Janeiro: Paz e Terra, 1991, pp. 769-794. Pode-se ler o Ato Institucional n. 1, de 9 de abril de 1964, aqui: https://www.planalto.gov.br/ccivil_03/ait/ait-01-64.htm e o Ato Institucional n. 2, de 27 de outubro de 1965, aqui: https://bit.ly/3YevOD1. Acesso em: 25 janeiro 2023.

o recesso do Congresso Nacional, das Assembleias Legislativas e das Câmaras de Vereadores (Art. 2º.); suspender os direitos políticos de quaisquer cidadãos pelo prazo de dez anos e cassar mandatos eletivos federais, estaduais e municipais (Art. 4º.); suspender as garantias constitucionais ou legais de vitaliciedade, inamovibilidade e estabilidade (Art. 6º.); suspender a garantia de *habeas corpus* nos casos de crimes políticos contra a segurança nacional, a ordem econômica e social e a economia popular (Art. 10º.)[67].

Uma análise sumária do significado do AI-5 para a evolução do regime político não pode ficar nas declarações corretas, mas genéricas do tipo "as Forças Armadas se tornaram o Poder Dirigente sobre a Nação", abandonando a função política moderadora, típica do pré-64[68]. É certo que os golpes de março de 1964 no Brasil e de junho de 1966 na Argentina (e, posteriormente, o de 1976), e os golpes militares de 1973 no Chile e no Uruguai, inauguraram um período de dominação dos militares na política latino-americana enquanto *instituição.* Nada mais distante, portanto, das formas de autoritarismo tradicionais (baseadas ou no carisma do líder político ou no despotismo pessoal), do fascismo, do bonapartismo etc. Mas os traços característicos desse novo autoritarismo brasileiro não foram produzidos num só golpe. Por isso, e para evitar anacronismos, é necessário recuperar a dinâmica histórica e atentar para a periodização especificamente política a fim de compreender o processo de *transformação interna* do regime.

A história que está na base de uma série de acontecimentos – a rearticulação política do populismo (1965-1966), o crescimento da oposição ao segundo governo militar (1967-1968) e a edição de medidas legais ultrarrepressivas (1968) – pode ser recontada brevemente

---

[67] Ato Institucional n. 5. Bonavides, 1991, pp. 788 e segs. Ver o texto integral aqui também: http://www.planalto.gov.br/ccivil_03/ait/ait-05-68.htm. Acesso em: 25 janeiro 2023. Em anexo, ao final deste capítulo, é possível ler uma cópia do Ato 5.

[68] René A. Dreifuss e Otávio S. Dulci, As forças armadas e a política. *In:* Bernardo Sorj e Maria Hermínia T. Almeida (orgs.). *Sociedade e política no Brasil pós-64, op. cit.*, p. 94.

a partir dos preâmbulos dos Atos Institucionais e das providências práticas que eles estipularam[69].

É preciso notar que a ação militar em 1964 foi reativa. Na visão das próprias Forças Armadas, tratou-se de deter "o caos, a desordem e a instabilidade política"[70]. A tradução dessa ambição salvacionista – simplesmente a "reconstrução econômica, financeira, política e moral do Brasil" (Ato 1, Preâmbulo) – está atada ao propósito de destruir o populismo, representado por Goulart e pelo seu governo, e suas consequências políticas nefastas: a "corrupção" e a "subversão" (Ato 2, Preâmbulo). Sob esses lemas genéricos estão abrigados os móveis reais que empurraram mais uma vez as cúpulas das Forças Armadas a intervir na política civil: a radicalização do movimento nacional-popular a partir de fins de 1963, cujo ponto máximo foi o Comício das Reformas em meados de março de 1964, e a subversão da hierarquia militar, avalizada pelo próprio presidente, cujo ponto culminante foi o discurso no Automóvel Clube em fins de março de 1964. Assim, aparentemente a única tarefa dos militares deveria limitar-se a promover a exclusão política das classes populares, desarticulando, pela repressão, suas instituições de organização sindical (o Comando Geral dos Trabalhadores) e participação autônoma (as Ligas Camponesas), além do seu canal parlamentar privilegiado (o Partido Trabalhista Brasileiro). As cassações de parlamentares ligados ao janguismo, as aposentadorias compulsórias e as depurações nas Forças Armadas e

---

69 A sugestão de tomar os Atos Institucionais como fonte para descrever/explicar a conjuntura 1964-1968 veio de Décio Saes, *Classe média e sistema político no Brasil*, *op. cit.*, pp. 167-169 e de Eliézer Rizzo Oliveira, *As forças armadas*: política e ideologia no Brasil. (1964-1969). Petrópolis: Vozes, 1976.

70 Gláucio Ary Dillon Soares analisa as explicações acadêmicas para o golpe militar de 1964 e as confronta com a visão que os próprios militares ofereceram da conspiração, do golpe e do regime ditatorial. O "caos" é, para esses últimos, a justificativa mais frequente alegada para a intervenção. Cf. O golpe de 64. *In:* Gláucio Ary Dillon Soares & Maria Celina D'Araújo (orgs.). *21 anos de regime militar*: balanços e perspectivas. Rio de Janeiro: Ed. da FGV, 1994, especialmente pp. 36-37.

no Judiciário complementariam esses objetivos limitados, resumidos numa única oração: "drenar o bolsão comunista cuja purulência já se havia infiltrado não só na cúpula do governo como nas suas dependências administrativas" (Ato 1, Preâmbulo). O autoritarismo dessa primeira etapa, que vai *grosso modo* de abril de 1964 a outubro de 1965, decorria, portanto, mais da conjuntura excepcional na qual ele era exercido do que de uma ideologia autoritária sistematicamente elaborada para explicar e orientar as ações dos militares. Tratava-se de uma ditadura provisória ou de um "autoritarismo de crise"[71].

É principalmente por isso que não se pode falar em um projeto consciente e articulado das Forças Armadas que guiará a intervenção política em 1964, a constituição dos demais governos militares daí em diante e a adoção de um "modelo político" e, principalmente, de um "modelo econômico" no pós-1964. Ainda que houvesse grupos que desde o fim dos anos cinquenta apresentassem suas próprias soluções para o problema do "atraso brasileiro" – como foi o caso, da esquerda para a direita, do Partido Comunista Brasileiro, do Instituto Superior de Estudos Brasileiros, da Escola Superior de Guerra e do Instituto de Pesquisas e Estudos Sociais –, a dinâmica política, no plano tático, ultrapassou a dinâmica propriamente ideológica, no plano estratégico. Os vários eixos da conspiração contra o regime da Constituição de 1946, simbolizados pelas ações de certas lideranças (Prestes, Brizola, Lacerda, Castello Branco, Jango etc.), disputavam a primazia para impor os seus projetos respectivos para o "desenvolvimento nacional" ainda que não tivessem muita clareza nem a respeito do seu conteúdo, nem dos meios políticos para concretizá-lo. Esses ideários vagos de cada corrente política (uns mais, outros menos, é verdade) servirão, contudo, de referência básica à medida que o processo político vai definindo não só quem fará parte da nova estrutura de poder, mas principalmente a hierarquia específica entre as facções civis e militares em seu interior. A história que pode ser contada é assim a história de

---

[71] Para a expressão, v. Décio Saes, *Classe média e sistema político no Brasil*, *op. cit.*, Capítulo III.

três derrotas: 1964 – derrota das esquerdas; 1965 – derrota da corrente civil liberal; 1968 – derrota das oposições democráticas e da facção militar que previra uma intervenção política mais temporária que permanente.

Daí decorre o seguinte: a militarização do sistema político é progressiva e sucessiva e só começa a ser de fato reconhecida quando são impostas restrições específicas sobre a atuação e a organização da classe política aliada do golpe. Ela é paralela, mas não se confunde, com a militarização do sistema estatal, que vai do topo do aparelho do Estado (sendo a sua face mais visível a própria Presidência da República) para a base (os escalões burocráticos intermediários) seguindo um ritmo mais lento, porém igualmente contínuo. O Ato Institucional n. 2 (de outubro de 1965) marca, nesse sentido, uma inflexão: suprime todos os partidos populistas (Art. 18º.)[72] e determina que todas as eleições presidenciais serão, a partir de então, indiretas (Art. 9º.). O Ato 3 (Art. 1º.) estipula, já em princípios de 1966, em nome dos "superiores objetivos da Revolução", o mesmo regime eleitoral para os governadores e a nomeação dos prefeitos das capitais por esses últimos (Art. 4º.) As duas decisões consideraram, naturalmente, a "necessidade de preservar a tranquilidade e a harmonia política e social do país" (Ato 3, Preâmbulo) e estavam motivadas muito mais pela visão militar do processo político do que pelos princípios liberal-democráticos dos setores civis da coalizão golpista (Carlos Lacerda, Adhemar de Barros, Magalhães Pinto etc.)[73].

O processo de militarização implicou também uma severa readequação da estrutura burocrática do Estado. À medida que os dois movimentos descritos acima seguiram, seguiu também a adoção de

---

[72] A causa direta para a edição do Ato 2 foi a vitória de políticos tradicionais do PSD nas eleições para os governos da Guanabara e de Minas Gerais e representou, para os "revolucionários" mais radicais, a rearticulação das forças políticas populistas recém-derrotadas em abril de 1964.

[73] Para ler a íntegra do Ato Institucional n. 3, de 5 de fevereiro de 1966, ver http://www.planalto.gov.br/ccivil_03/ait/ait-03-66.htm. Acesso em: 25 janeiro de 2023.

uma série de medidas que alteraram a correlação de forças entre os ramos do Estado brasileiro: assiste-se então a uma ascendência irrevogável do Executivo sobre o Legislativo e Judiciário e, simultaneamente, a centralização do processo político-decisório no nível federal. Essa nova relação de forças será então institucionalizada por uma profunda reorganização e modificação das rotinas dos múltiplos setores do aparelho do Estado. A reforma administrativa (decreto-lei n. 200, de 1967) incumbiu-se da tarefa de modernizar essa estrutura.

A resposta da sociedade ao aumento progressivo e aparentemente irresistível do poder das cúpulas militares sobre os recursos políticos irá configurar a mais importante crise do regime em 1968.

Os acontecimentos políticos da conjuntura 1967-1968 permitem observar o primeiro enfrentamento importante entre as forças no poder desde abril de 1964 (os "militares") e os setores politicamente excluídos (as "oposições"). O seu resultado determinará a forma final do regime. Assim, não seria exatamente correto afirmar, a menos que se queira contar a história do final para o começo, que "a militarização do aparelho do Estado brasileiro definiu-se progressivamente, *desde 1964*, como uma tendência permanente e irreversível"[74]. Recordemos rapidamente os eventos decisivos desse curto período.

Costa e Silva assumiu o governo em 15 de março de 1967 prometendo restabelecer os processos político-representativos normais. O Marechal comprometia-se com uma política de liberação controlada (sua "política de alívio"), fazendo um apelo à "união nacional". Podiam-se fazer concessões limitadas à classe política já depurada desde que se conseguisse apoio para "reconstitucionalizar" o regime e ampliar sua legitimidade. O subperíodo que então se abriu – março de 1967 a março de 1968 – correspondeu simultaneamente a uma transformação interna do regime de exceção (sua relativa "liberalização") e uma significativa reestruturação do grupo dirigente graças à substituição do partido militar no poder. Os castellistas, dominantes

---

[74] Décio Saes, *Classe média e sistema político no Brasil, op. cit.*, p. 154, grifos meus.

na primeira fase (abril de 1964-fevereiro de 1967), cederam espaço a outras correntes (os "duros", os nacionalistas de direita e os "palacianos"), o que aprofundou a crise ideológica latente no interior da coalizão militar politicamente dominante. A contradição entre a antiga ideologia liberal-democrática de matriz udenista e as práticas repressivas exigidas pela política autoritária de desenvolvimento evidenciou a divisão das Forças Armadas favorecendo a irrupção da crise no nível da sociedade[75]. É nessa conjuntura que ganha força uma "Frente Ampla" de oposição ao governo que reúne antigos setores da classe política (Carlos Lacerda, Juscelino, Jânio Quadros). O movimento estudantil, por sua vez, mobiliza-se em torno da discussão sobre a política educacional do Estado ditatorial (a condenação do acordo MEC-USAID, a questão dos "excedentes", etc.). Somente entre março e maio de 1967 há quarenta e três manifestações de protesto[76]. Incidentalmente, acentua-se a tendência ao afastamento progressivo de setores da Igreja em relação ao regime dos militares à medida que a luta oposicionista passa a encontrar respaldo na cúpula católica, especialmente na Confederação Nacional dos Bispos do Brasil. As relações entre o Executivo e o Legislativo são também bastante precárias, visto que o primeiro não consegue estabelecer um controle político estrito sequer sobre os setores da Aliança Renovadora Nacional. A oposição parlamentar (o Movimento Democrático Brasileiro) utiliza frequentemente o recurso das comissões parlamentares de inquérito como instrumento de controle das atividades do governo. Ao mesmo tempo, representantes políticos da oposição compõem uma frente com a finalidade de impedir a aprovação de projetos do Executivo de natureza econômica, bem como pleiteiam que o presidente abandone a legislação por decreto em matérias dessa natureza. O próprio MDB se baterá durante todo o período pela revogação da legislação

[75] Cf. Décio Saes, *Classe média e sistema político no Brasil, op. cit.*, pp. 195-196.

[76] Cf. João Roberto Martins Filho, *Movimento estudantil e ditadura militar*: 1964-1968. Campinas: Papirus, 1987, "Quadros", pp. 151-153.

de Segurança Nacional, pelo restabelecimento das eleições diretas, abolidas um ano antes, e pela concessão da anistia aos presos políticos e aos políticos cassados[77].

Em 1968, mais precisamente de março a outubro, há uma redefinição importante dos objetivos e dos métodos da luta política do movimento estudantil. Apenas no primeiro semestre são registradas cinquenta e seis manifestações antiditatoriais, mobilizando mais de trezentas mil pessoas. Isso corresponde a uma grande politização desse movimento. Um dos acontecimentos que inicia a crise desse subperíodo é a morte do estudante Edson Luis de Lima Souto em 28 de abril num choque com a Polícia Militar durante uma manifestação no Rio de Janeiro. Esse episódio polariza uma onda de protestos que termina na Passeata dos Cem Mil dois meses depois. O assassinato, assegura Elio Gaspari, "haveria de se tornar a encruzilhada de todas as raivas" contra os militares[78].

De um ponto de vista mais geral, "a intensificação do protesto estudantil, favorecida pela liberalização" dessa fase inicial do governo Costa e Silva "constituirá o fator imediato da eclosão das manifestações antiditatoriais das camadas médias tradicionais" segundo Saes: os profissionais liberais (liderados pela Ordem dos Advogados do Brasil) e o movimento feminino, que ressurge então depois das Marchas da Família de março de 1964 só que com uma prédica oposta. A onda de protestos conduzida pelas vanguardas estudantis encontrará assim "sua 'massa' não apenas nas bases estudantis, mas também em outros setores sociais como as camadas médias tradicionais". Embora essa aliança nunca tenha sido integral, dois elementos permitiram tal encontro político: *i*) o caráter antiditatorial e antirrepressivo de suas manifestações e *ii*) o efeito social provocado pela política econômica excludente de Campos-Bulhões na gestão Castello Branco. Nesse sentido são paradigmáticos dessa aliança informal o "Dia do Luto" no

---

[77] Cf. Eliézer Rizzo Oliveira, *As forças armadas*, *op. cit.*, p. 89.

[78] Elio Gaspari, *A ditadura envergonhada*. São Paulo: Companhia das Letras, 2002, p. 278.

Rio de Janeiro, onde cerca de 50 mil pessoas acompanharam o enterro de Edson Luís em 30 de março de 1968, além da própria manifestação dos Cem Mil[79].

Do lado da oposição operária, nessa conjuntura de 1968 se esboçam dois movimentos divergentes da matriz populista tanto no plano da orientação ideológica, quanto no plano da organização sindical. Nas greves de Contagem, em Minas Gerais (em abril), e Osasco, em São Paulo (em julho), menos a espontaneidade "autonomista" e mais a organização e orientação de agrupamentos de esquerda deslocam para as comissões de fábrica o eixo da ação operária antigovernamental[80].

Nesse contexto, cresce a tendência no seio do governo para resolver a crise política através do encurtamento de todo o espaço disponível para a agitação da classe média. O foco é principalmente o movimento estudantil. Depois da ocupação da UnB, em fins de agosto, ocorrem três importantes episódios em outubro: a invasão da Faculdade de Filosofia de São Paulo pelo grupo protofascista Comando de Caça aos Comunistas (CCC), auxiliado pela Força Pública do estado e pela Frente Anticomunista (FAC), a ação militar na USP, e a prisão de 739 estudantes que participavam do 30º Congresso da União Nacional dos Estudantes em Ibiúna (SP). Destituído de sua vanguarda, o movimento de massas entrará a partir de setembro em refluxo. O caso do deputado Moreira Alves[81] fornece apenas o pretexto útil para a decretação do Ato 5 em 13 de dezembro de 1968.

---

[79] Cf. Décio Saes, *Classe média e sistema político no Brasil, op. cit.*, pp. 205-206.

[80] Cf. Jacob Gorender, *Combate nas trevas.* A esquerda brasileira: das ilusões perdidas à luta armada. São Paulo, Ática, 1987, p. 145.

[81] Em 2 de setembro de 1968 o deputado Marcio Moreira Alves (MDB-GB) fez um duro protesto contra o governo militar e convocou um boicote às paradas do dia 7 de setembro. O discurso do deputado pode ser ouvido aqui: https://www.camara.leg.br/radio/programas/273666-ato-institucional-5-integra-do-discurso-do-ex-deputado-marcio-moreira-alves-02-51/. Acesso em: 25 janeiro 2023.

O fechamento ditatorial: quatro interpretações concorrentes

Há na literatura duas teses que sustentam explicações opostas sobre a causa da edição AI-5, evento que encerra esse primeiro grande ciclo político do regime (1964-1968). A primeira explicação (que na verdade pode ser desdobrada em duas variantes) enfatiza a ação de certos fatores *internos* ao aparelho do Estado. A segunda explicação (que também pode ser desdobrada em duas variantes) enfatiza fatores *externos* ao aparelho do Estado, fatores que atuaram na cena política. Vejamos brevemente essas explicações. A fim de resumi-las e marcar suas diferenças e ênfases vou apresentá-las sob a forma de quatro teses.

- *tese n. 1*: o AI-5 foi o resultado dos embates políticos e ideológicos travados pelos diferentes grupos militares (mais moderados, mais radicais) a propósito da natureza e dos objetivos do golpe político de 1964. Portanto, o Ato 5 representou, na verdade, a vitória da "linha dura", a facção mais repressiva e reacionária, sobre os "castellistas", a facção mais legalista e progressista.

Essa interpretação, que privilegia as disputas internas às Forças Armadas, toma como óbvio que

> "como o poder está com os militares e (por isso) como serão eles que irão definir os seus termos atuais e futuros, é claro que a disputa política se deslocou para seu âmbito, onde se formam grupos, facções e setores, os quais, unidos pela concepção comum do sistema e aliados na observação de certos postulados, tendem a se dividir em partidos internos que lutam pela conquista do poder" [82].

[82] Carlos Castello Branco, *Os militares no poder*. Vol. II (O Ato 5). Rio de Janeiro: Nova Fronteira, 1978, p. 60.

Portanto, o vencedor imprimirá ao regime resultante os seus desígnios. A "linha dura", que pretendia uma intervenção militar mais duradoura e uma repressão mais saneadora tanto do comunismo como da corrupção, bateu-se pela ditadura aberta. Daí a exigência de um instrumento legal para concretizar esses objetivos. Esse instrumento foi o Ato 5.

- *tese n. 2*: outra vertente dessa explicação internalista sustenta que o Ato 5 foi o produto político de uma manobra muito bem articulada pelos setores mais radicais das Forças Armadas (setores esses dominantes na coalizão militar que sustentava o governo de Costa e Silva), e que utilizaram as manifestações de oposição à ditadura como um *pretexto* para impor uma solução de força para a crise política e ampliar a militarização do regime – seu propósito desde sempre. Na versão curta do ex-Ministro da Fazenda Delfim Netto, "havia muita tensão, mas no fundo era tudo teatro. Havia passeatas, havia descontentamento militar, mas havia sobretudo teatro. Era um teatro para levar ao Ato. [...] O que se preparava era uma ditadura mesmo"[83].

João Roberto Martins Filho propõe a mesma razão:

> "ao mesmo tempo em que surgiam os primeiros sinais de radicalização da luta popular e das práticas da esquerda, em 1968, setores significativos das Forças Armadas, designados em geral como a 'linha dura' e que ocupavam postos-chave no governo Costa e Silva, *já pareciam ter-se definido por uma estratégia de pressão em favor do 'endurecimento' político.* O movimento estudantil parece ter fornecido os principais pretextos para sua função. Assim, a radicalização da direita militar mais extremada

---

[83] Depoimento citado por: Elio Gaspari, *A ditadura envergonhada*, *op. cit.*, p. 339. Cf. também O AI-5 já estava pronto em julho. *Veja*, São Paulo, 21 dez. 1977.

parece ter-se antecipado a acontecimentos como as greves operárias de Contagem e Osasco, o emprego de táticas 'foquistas' pelo movimento estudantil e o anúncio da adesão da esquerda à 'luta armada'"[84].

A visão segundo a qual o fechamento ditatorial foi uma obra da antevisão política por parte dos setores duros do regime, que utilizaram os movimentos da oposição ou criaram situações que exigissem sua intervenção, está presente também em Gorender[85] e Alves[86]. Para o primeiro, a trama do Ato Institucional n. 5 se consumou a frio, num momento de relativa calmaria. O movimento operário-estudantil se achava reprimido e esgotado no final do ano de 1968 (dezembro) e não podia ser a causa determinante do fechamento ditatorial. Quartim de Moraes, reportando o testemunho do vice-presidente Pedro Aleixo, sobre o "caso Moreira Alves" enfatiza a

> "existência de um complô de extrema direita visando instaurar a ditadura total. Gama e Silva [professor de Direito, ministro da Justiça e redator do Ato 5], nota Aleixo, não ignorava a oposição dos parlamentares à suspensão das imunidades de Márcio Alves. Mas ele queria 'criar um conflito' que serviria de pretexto 'à instalação de um regime ditatorial', tentando, dessa maneira, 'desacreditar o Congresso'"[87].

Essas duas teses possuem um mesmo defeito em comum: superestimam a capacidade de um ator – mesmo um ator militar em um regime militar – mobilizar os recursos políticos segundo sua vontade e torcê-los segundo seus objetivos. Além de exibir uma visão simplificada e incorreta do panorama militar no pós-1967, pois atribui a promoção

---

[84] João Roberto Martins Filho, *Movimento estudantil e ditadura militar*, *op. cit.*, pp. 138-139, grifos meus.

[85] Jacob Gorender, *Combate nas trevas*, *op. cit.*

[86] Maria Helena Moreira Alves, *Estado e oposição no Brasil*, *op. cit.*

[87] João Quartim de Moraes, *Les militaires et les régimes politiques au Brésil*, *op. cit.*, p. 679.

da radicalização do regime exclusivamente à linha dura[88], preserva, por comparação, a corrente castellista, que foram na verdade aqueles que, até 1967, haviam de fato tomado as decisões mais autoritárias até então (lembre-se: AI-1, AI-2, AI-3, todos decretados no governo de Castello Branco).

- *tese n. 3*: essa tese destaca o papel da radicalização do movimento oposicionista (seja do movimento estudantil, sejam os ensaios de luta armada) no processo de recrudescimento do regime e de fechamento ditatorial. Parte-se do pressuposto (homólogo àquele enunciado pelo jornalista Carlos Castello Branco) segundo o qual "as oposições são parte do sistema político"[89], para se afirmar que foi na cena política (e não no interior do aparelho do Estado e nas brigas entre suas facções) que a radicalização atuou no sentido de fazer o regime desistir das tímidas tentativas de liberalização dos controles políticos, anunciadas em 1967, e manipulação dos setores oposicionistas, optando, afinal, pelo autoritarismo aberto. Costa e Silva

> "tratará [num primeiro momento] de reativar o jogo partidário, ampliará as liberdades políticas, fará apelos à união nacional. Quando cresce a oposição (passeata dos Cem Mil, primeiros atos guerrilheiros, oposição franca do MDB ao regime, Frente Ampla etc.), novamente uma oposição

---

88 É consenso na literatura que essa tornou-se a corrente hegemônica a partir da ascensão de Costa e Silva. Ver: Sebastião Velasco Cruz e Carlos Estevam Martins, "De Castello a Figueiredo", *op. cit.*, p. 31; Fernando Henrique Cardoso, *Autoritarismo e democratização*. 2ª. ed. Rio de Janeiro: Paz e Terra, 1975, p. 201 e *O modelo político brasileiro e outros ensaios*. 4ª. ed. São Paulo; Rio de Janeiro: Difel, 1979, p. 76; também Carlos Castello Branco, *Os militares no poder, op. cit.*, pp. 92-93. A rigor, a "linha dura" não era propriamente um movimento político em torno de um programa original e coerente em relação à política governamental, mas, antes, uma corrente de opinião de contornos imprecisos que reunia desde nacionalistas de direita até lideranças protofascistas.

89 Sebastião Velasco Cruz e Carlos Estevam Martins, "De Castello a Figueiredo", *op. cit.*, pp. 14-15.

interna põe em xeque o governo. Essa oposição partiria da 'jovem oficialidade', dos setores nacionalistas do Exército e dos ultras [ultrarradicais]. Como consequência edita-se o Ato 5"[90].

- *tese n. 4:* a quarta tese disponível – também "externalista" – vê o AI-5 como o resultado de uma crise parlamentar. A recusa do Congresso Nacional, em 12 de dezembro, em autorizar o governo a processar o deputado Marcio Moreira Alves (MDB da Guanabara) teria sido o evento mais decisivo da crise política naquela conjuntura[91].

O depoimento do general Geisel, ainda que seja uma visão bem pessoal, dá força a essa ideia. Perguntado se o AI-5 era inevitável, o general argumentou que

> "foi o discurso do Márcio Moreira Alves na Câmara dos Deputados que acelerou o processo [político de fechamento ditatorial]. O discurso foi desaforado, aconselhando entre outras coisas que o povo não fosse assistir à parada de 7 de setembro, em repúdio ao Exército. Os ministros militares tomaram isso como ofensa. Exigiram a cassação do mandato político do Márcio, Costa e Silva os apoiou, mas o Congresso votou

---

[90] Fernando Henrique Cardoso, *O modelo político brasileiro*, *op. cit.*, p. 77. Ver igualmente Sebastião Velasco Cruz e Carlos Estevam Martins, "De Castello a Figueiredo", *op. cit.*, e Eder Sader, *Um rumor de botas* (ensaios sobre a militarização do Estado na América Latina). São Paulo: Polis, 1982. Cruz e Martins insistem também no vetor do "descontentamento popular, das classes médias, de setores do empresariado e dos demais interesses contrariados, seja pela opressão autoritária, seja pelas condições econômicas", mas sem esquecer, contudo, a substituição do partido no poder, vale dizer, a transformação no perfil da coalizão dominante e suas consequências para redefinição da política estatal (*op. cit.*, p. 31).

[91] Cf. o filme-documentário do jornalista Paulo Markun, *AI-5 – O dia que não existiu*. Realização do Núcleo de Documentários da TV Cultura/TV Câmara, 2001. 56 min. https://www.youtube.com/watch?v=IdF2zeHNvmg. Acesso em: 25 janeiro 2023.

contra a cassação. [...] Deu-se aí o choque entre o Congresso e o governo, e Costa e Silva, pressionado por alguns líderes militares, inclusive os ministros [das três Armas], possivelmente a contragosto, acabou editando o AI-5"[92].

Penso que ao centrar o foco da crise de 1968 na ação das oposições (tanto social como parlamentar) essas duas explicações (a 3 e a 4) tendem a tomar o jogo político por uma relação de soma-zero, onde todo o poder tirado de um lado passa necessariamente para o outro. A essência desse jogo seria a disputa entre duas intransigências: uma positiva ("as oposições"), outra negativa (os militares mais "radicais"). De acordo com as simpatias subjetivas do analista pode-se imaginar a partir daí dois cenários ideais: se as oposições tivessem exigido menos, menos intensa teria sido a resposta militar; ou se as oposições tivessem sido mais radicais, mais fácil teria sido a tarefa de derrubar o governo e pôr fim à ditadura ainda em constituição.

Há ainda uma quinta explicação – oferecida pela agência de espionagem e inteligência do governo norte-americano no Rio de Janeiro – que atribui o impasse político e, portanto, o aprofundamento da crise à incapacidade e inabilidade do próprio Costa e Silva:

> "Estabeleceu-se um ciclo de provocações dos estudantes e de repressão da polícia que deverá persistir pelo menos até que o governo faça algum movimento para implementar necessárias reformas educacionais. Os estudantes vêm repetindo reivindicações pela reforma do sistema educacional arcaico – melhores professores, melhores instalações e currículos atualizados [...] – mas não se fazem ouvir. [...] Ao mesmo tempo, pressões potencialmente perigosas estão surgindo entre os militares, que são a chave da estabilidade do governo Costa e Silva. A relutância do presidente para agir sob pressão virtualmente o impediu de fazer qualquer coisa que satisfaça tanto aos estudantes quanto aos militares. Uma

---

92 Maria Celina D'Araújo, e Celso Castro, *Ernesto Geisel*. Rio de Janeiro: Editora Fundação Getúlio Vargas, 1997, pp. 207-208. Esse livro é analisado no capítulo 7 ("A lógica militar da liberalização").

inação continuada deverá servir mais para agravar do que para aliviar o problema. [...] A insatisfação militar com o desempenho inepto [*sic*] de Costa e Silva e de alguns de seus ministros-chave poderá aumentar à mesma proporção que os distúrbios. A incapacidade [*sic*] do presidente de entender as forças que estão em movimento aparece com clareza na insistente atribuição das desordens exclusivamente à ação de agitadores profissionais, professores, políticos de oposição. De uma maneira geral, a atividade política estudantil é vista como subversiva e o estudante descontente é visto como um problema político a ser enfrentado pela mobilização de todas as forças de segurança disponíveis [...]"[93].

Essa é mais uma interpretação *ad hoc* do que propriamente uma análise causal. Funciona mais como uma confirmação do preconceito ou da indisposição dos Estados Unidos contra o segundo presidente militar (atribuindo à sua figura e a seu cargo uma centralidade e um poder que em absoluto condizia com o complexo jogo de forças político-militares no interior do aparelho do Estado em 1967-1968), do que como explicação efetiva para a conjuntura política. Ao personalizar a possibilidade de sua solução, simplifica a natureza da crise do ano de 1968 e transforma a saída para o impasse político em uma questão de escolha pessoal, aparentemente guiada apenas pelo bom senso, entre duas alternativas.

Penso que seja preciso enfocar esse problema a partir de outra perspectiva.

A ideologia como variável explicativa

O 13 de dezembro de 1968 foi o momento crucial na definição do autoritarismo militar como um processo de longa duração. Na conjuntura que vai, *grosso modo*, de março-abril de 1967 a outubro

[93] Central Intelligence Agency (CIA). Os inquietos estudantes brasileiros. Relatório especial. *Boletim semanal*. 30 ago. 1968. 13 p. *Apud* Zuenir Ventura, *1968: o ano que não terminou*. Rio de Janeiro: Nova Fronteira, 1988, pp. 190-191.

de 1968, se expressaram e se resolveram contradições agudas, quer no interior do aparelho de Estado (e, mais especificamente, no seio do seu ramo dominante, as Forças Armadas), quer no relacionamento entre o Estado e os setores sociais que se lançaram à oposição.

Ora, tanto uma linha de interpretação (avanço do conflito social = aprofundamento do autoritarismo), quanto outra (atuação deliberada da linha dura militar = fechamento ditatorial) são, se tomadas isoladamente, pouco convincentes para decifrar o resultado da crise política. Caso não se queira simplesmente justapor as duas razões – a internalista e a externalista –, é preciso articular os seus princípios explicativos segundo um sentido preciso. Assim, uma nova interpretação poderia vincular duas arenas – a "sociedade" (mais especificamente: os conflitos sociais e políticos de classes, camadas e categorias sociais) e o "Estado" (mais especificamente: as lutas internas entre os grupos políticos e correntes militares) – em função de uma variável explanatória nova: a ideologia.

Uma explicação possível para o problema poderia então ser a seguinte: a radicalização do movimento das oposições em 1968, o seu caráter de massa e o papel dirigente que os estudantes cumpriram nessa conjuntura *apareciam*, para as cúpulas das Forças Armadas, sem necessariamente serem, *como perigosos elementos de desestabilização* não apenas do governo Costa e Silva, mas principalmente da "Revolução" (isto é, do próprio regime em vigor). O Preâmbulo do AI-5 torna mais enfática essa preocupação:

> "O Presidente da República Federativa do Brasil, ouvido o Conselho de Segurança Nacional, e [...] considerando que [...] se torna imperiosa a adoção de medidas que impeçam que sejam frustrados os ideais superiores da Revolução, preservando a ordem, a segurança, a tranquilidade, o desenvolvimento econômico e cultural e a harmonia política e social do País, *comprometidos por processos subversivos e de guerra revolucionária*; considerando que todos esses fatos perturbadores da ordem são contrários aos ideais e à *consolidação do Movimento de março de 1964*, obrigando os que por ele se responsabilizaram e juraram defendê-lo a

adotarem as providências necessárias, que evitem sua destruição, resolve editar o seguinte Ato Institucional"[94].

Por que a imagem de uma "guerra revolucionária" em marcha tornou-se a percepção dominante no interior das cúpulas militares? Em função da leitura (ideológica) que *todas as correntes militares presentes do governo Costa e Silva* (castellistas, a "linha dura", a corrente "albuquerquista" e o "grupo palaciano") *faziam dessa conjuntura específica.* Martins Filho insiste, com razão, que "a presença de divisões dentro do campo militar é secundária em relação à reiterada união dessas forças na defesa da 'Revolução de 1964' e no ataque a qualquer tentativa de rearticulação autônoma do campo 'político'"[95] nesse momento.

Como a "Revolução brasileira de 31 de março de 1964" – o nome oficial não somente do golpe político-militar, mas do novo processo político aberto por ele – tinha o propósito de estabelecer uma "autêntica ordem democrática", fundada "na luta contra a corrupção", "no combate à subversão e às ideologias contrárias às tradições do nosso povo"[96], toda e qualquer manifestação de oposição tendia a ser enquadrada numa dessas três faltas graves. O desejo expresso pela Frente Ampla em restaurar o "poder civil", o princípio eleitoral e um regime partidário menos rígido (enfim, um regime liberal-democrático convencional) suscitava os preconceitos enraizados entre os militares frente à "política" em geral (a classe política, a atividade representativa,

---

[94] Ato Institucional n. 5. *In:* Paulo Bonavides, *História constitucional do Brasil*, *op. cit.*, pp. 788-789, grifos meus. Ver ao final do capítulo a íntegra do Ato 5.

[95] João Roberto Martins Filho, *O palácio e a caserna*, *op. cit.*, p. 115. Para uma descrição do panorama militar no governo Costa e Silva, v. pp. 116-120. Há aí um "quem é quem" bastante informativo de cada facção. Uma descoberta importante do trabalho de Martins Filho é a seguinte: nesse período preciso "os 'duros' não parecem ter sido o motor da nova etapa de militarização" (p. 138). Deve-se buscar a origem dessa pressão no grupo palaciano e, mais especificamente, no Gabinete Militar da Presidência da República (p. 148).

[96] Preâmbulo do Ato Institucional n. 5. *In:* Paulo Bonavides, *História constitucional do Brasil*, *op. cit.*, p. 788.

o conflito de interesses etc.). Mesmo sem representar a restauração do populismo e seu rosário de males (caos, desordem e instabilidade), a petição da Frente de Lacerda, Jânio, Juscelino e, posteriormente, Goulart, lembrava, a esta altura do processo revolucionário, a corrupção e a demagogia dos "políticos profissionais". A "subversão", por sua vez, podia ser constatada em qualquer ato de insubordinação contra a autoridade militar. A vagueza dessa categoria expressava o grau de intolerância política diante do movimento estudantil, do movimento operário, do movimento revolucionário (os ensaios de luta armada) e da oposição parlamentar muito discreta até então. Enfim, as ideologias exóticas, desnecessário dizer, compareceriam na justificação do Ato 5 como o eufemismo do "comunismo" (ou, para os mais sofisticados, do "socialismo").

O anticomunismo consistia no elemento ideológico mais renitente da visão militar de mundo desde 1935 e funcionou, nessa conjuntura, como o mínimo denominador comum de todas as correntes castrenses. O coronel Gustavo Moraes Rego Reis, *castellista, liberal e moderado*, enfatizou que, na ausência de um "projeto" e de uma "ideologia", a "Revolução" só "pensava em deter o comunismo [...]. Não tinha nada de [projeto] social nem de [projeto] econômico, era o anticomunismo". Essa ideologia funcionava como o elemento de coesão entre as todas as facções radicais e moderadas: "Aliás, os últimos e talvez únicos propósitos e princípios que asseguravam a nossa coesão eram os da preservação da disciplina e da hierarquia nas Forças Armadas e da paz social face às ameaças iminentes da ação subversiva comunista. Este era um fato incontestável"[97].

Do lado *costista, nacionalista e radical*, para permanecer na terminologia usual, os mesmos valores, somente mais exaltados, compunham o quadro de referência comum. O depoimento do Brigadeiro João Paulo

[97] Depoimento de Gustavo Moraes Rego Reis a Maria Celina D'Araujo, Gláucio Ary Dillon Soares e Celso Castro, *Visões do golpe*: a memória militar sobre 1964. Rio de Janeiro: Relume-Dumará, 1994, p. 60. Todas as expressões entre aspas são do coronel.

Moreira Burnier, um dos organizadores do Centro de Informações da Aeronáutica (agência de inteligência e tortura) e integrante da "linha dura", é representativo do espírito e da disposição das forças político-militares em torno do presidente Costa e Silva na crise de 1968[98]. A visão caricata do "socialismo" e a rejeição moralista do comportamento dos estudantes radicalizados à esquerda são os elementos ideológicos centrais que compõem a interpretação do momento político pela extrema-direita militar e orientam sua reação.

Sua filosofia pessoal, que retém do socialismo a ideia estereotipada de que se trata de um regime econômico contra o indivíduo e a liberdade de iniciativa, com base numa versão mais atualizada da fábula da cigarra e da formiga, e que enxerga na ação dos estudantes apenas a manifestação patológica de uma sociedade corrompida por ideias exóticas e depravadas, é menos importante, para essa conjuntura, pela sua ignorância do que pela sua inflexibilidade.

> *Sobre o socialismo*: "[...] Tínhamos a convicção de que a ideologia marxista e socialista era impraticável para a vida, para a pessoa humana. O [ser] humano não aceita o socialismo, porque é uma doutrina econômica que dá iguais direitos a pessoas diferentes. Uma pessoa trabalha, guarda os seus recursos e consegue melhorar de vida. O outro, trabalhador também, não guarda o que ganhou, torna-se um bêbado, um sem-vergonha, e gasta todo o seu dinheiro. Não vencerá nunca. Vão ter ambos os mesmos direitos? Não. Cada um tem a sua função na sociedade, tem aquilo que merece".

> *Sobre o movimento estudantil*: "Guardo, sim, a convicção de que esses subversivos, na sua maioria, estavam bastante enxertados das ideias,

---

[98] Burnier havia chefiado a revolta de Aragarças contra Juscelino Kubitschek. Em 1968 servia no gabinete do Ministro da Aeronáutica, Márcio de Souza Mello, ex-integralista e representante da linha dura. V. Hélgio Trindade, O radicalismo militar em 64 e a nova tentação fascista. *In:* Gláucio Ary Dillon Soares & Maria Celina D'Araujo (orgs.). *21 anos de regime militar*, *op. cit.*; e Elio Gaspari, *A ditadura envergonhada, op. cit.*, p. 303.

muito comuns na época, do padre Debret e de [Herbert] Marcuse, sobre amor livre e sobre como gozar a vida em todos os seus sentidos. Essas ideias tiveram início primeiro na França, na Sorbonne, naquele período de 68. Depois vieram para o Brasil e levaram os jovens brasileiros a se meter com drogas. Então todos eles, drogados, começando uma atividade ilegal, destruindo suas próprias juventudes, foram se transformando em verdadeiros robôs. E se imiscuíram dessas ideias de que era preciso defender a liberdade, mas uma liberdade sem limite, sem controle de direitos, sem qualquer controle de obrigações e deveres. Essas ideias começaram a perturbar a mocidade brasileira, e os subversivos marxistas se aproveitaram delas para fazer o combate à suposta ditadura militar, que de ditadura não tinha nada, pois o governo estava apenas defendendo e procurando evitar que houvesse tumulto e desordem no país. E a prova disso foi o 30º Congresso da UNE, em Ibiúna, estado de São Paulo, no dia 11 de outubro de 1968, que resultou na prisão de mais de 1.200 estudantes. Só vendo as fotografias para saber o que se passou lá e acreditar no que estou dizendo. Era uma fazenda alugada pela UNE onde jovens, moças e rapazes, faziam amor livre na vista de todos, tomavam drogas, um verdadeiro bacanal, uma coisa estúpida. É preciso ver a documentação da época, as fotografias, para sentir a que níveis tão baixos chegou a degradação moral desses rapazes, levados por falsos líderes, por líderes indignos"[99].

A severidade desse raciocínio está na base da compreensão compartilhada pela maioria militar a respeito do grau excessivo, da natureza subversiva e do sentido contrarrevolucionário das mobilizações políticas e dos conflitos sociais na conjuntura crítica de março a outubro de 1968. A avaliação contida no relatório da *Central Intelligence Agency*, referida acima, sobre a falta de inteligência do Marechal Costa e Silva (e, de resto, de todo o "grupo palaciano") e sua pouca competência

---

[99] Cit. a partir de seu depoimento a Maria Celina D'Araujo, Gláucio Ary Dillon Soares e Celso Castro, *Os anos de chumbo*: a memória militar sobre a repressão. Rio de Janeiro: Relume-Dumará, 1994, p 201-202 e 209-210, respectivamente.

para atinar com a situação e movimentar-se adequadamente a fim de superar a crise, revela mais preconceito do analista do que percepção política. A solução final – o Ato Institucional n. 5 – resulta de um tipo específico de "análise de conjuntura", e não da ausência dela. Como Costa e Silva anunciou na sessão deliberativa do Ato: a partir desse momento, "ou a Revolução continua, ou a Revolução se desagrega"[100]. A acuidade dessa previsão é bem menos importante do que a sua própria proposição.

O desenvolvimento dessa nova visão sobre a crise de 1968 e sua solução exigiria uma análise detida da formação intelectual, das influências, dos valores políticos e das ideias sobre a organização da sociedade da corrente ideológica que assumiu, nesse contexto, a hegemonia no aparelho militar. Igualmente, exigiria um inventário de seus recursos de poder para avaliar sua capacidade de impor a sua interpretação da conjuntura política e a saída política possível para a crise.

O fracasso das oposições

Como explicar as razões da derrota política das oposições e o fracasso do movimento antiautoritário nessa conjuntura?

Uma crônica de Nelson Rodrigues ('Um pesadelo com cem mil defuntos', escrita para *O Globo* em fevereiro de 1969) pode fornecer,

[100] Frase pronunciada pelo presidente Costa e Silva na abertura da reunião do Conselho de Segurança Nacional em 13 de dezembro de 1968 *apud* Elio Gaspari, *A ditadura envergonhada*, *op. cit.*, pp. 333-334. Ainda o Preâmbulo do Ato 5: referindo-se ao Ato Institucional n. 2, que fixara o princípio segundo o qual a Revolução não "foi", mas "é e continuará", conclui-se que é somente com as medidas do AI-5 que "o processo revolucionário em desenvolvimento não [será] detido". Ato Institucional n. 5. *In:* Paulo Bonavides, *História constitucional do Brasil*, *op. cit.*, p. 788. Para ouvir o áudio da reunião completa que decretou o AI-5, consulte https://www.youtube.com/watch?v=3sHMZq8kzGc. Acesso em: 25 janeiro 2023.

por meio de anotações impressionistas, mas bastante intuitivas, uma indicação sugestiva a propósito da configuração social do maior evento de massa desde o golpe de 1964 – a Passeata dos Cem Mil:

> "[...] apanhei o número de *Manchete* referente à passeata dos Cem Mil. [...] E, então, comecei a repassar as fotografias dos Cem Mil. [...] Como se sabe, convém não confiar muito na memória. Todos nós somos vítimas de falsas lembranças. Sim, a memória tem suas alucinações. [...] Mas a fotografia não costuma mentir. Não sei se estavam presentes os Cem Mil. Talvez os Cem Mil fossem, digamos, a metade e, portanto, Cinquenta Mil. De qualquer forma, eis uma massa bastante apreciável. [...] Até aquela data, só o futebol conseguiu juntar 50 mil brasileiros. [...] Cada qual levava no bolso a sua ideologia, que era a mesma em todos os bolsos. Na época, escrevi que não se encontrava, entre os Cem Mil, ou cinquenta, ou até 25, nenhum preto. Eu estive lá espiando. Fui testemunha auditiva e ocular da marcha. Como sou uma 'flor de obsessão', não me saía da cabeça a ausência do negro. Se eu descobrisse um – não dois ou três, mas um, somente um –, já me daria por muito satisfeito. [...] E outra observação, que me deu o que pensar: – os Cem Mil tinham uma saúde dentária de anúncio dentifrício. Objetará alguém que muitos estariam de boca fechada. Absolutamente. Estava todo mundo de boca aberta (como no dentista) e gritando: – 'Participação! Participação! Participação!'. E a marcha de 100 mil sujeitos sem uma cárie, sem um desdentado [...]. O fato é que, no dia seguinte, falando com o meu amigo Guilherme da Silveira Filho, fazia eu um escândalo amargo: – 'Nem um preto, Silveirinha! Nem um desdentado! Nem um favelado! Nem um torcedor do Flamengo! Nem um assaltante de chofer'. Por fim, arranquei das minhas entranhas este gemido final: – 'E o povo? Onde está o povo?'. O povo era a ausência total. [...] Não havia um preto, ou um torcedor rubro-negro, ou um desdentado, porque aquilo era uma passeata das classes dominantes"[101].

---

[101] Nelson Rodrigues, *O Reacionário*: memórias e confissões. São Paulo: Companhia das Letras, 1995, pp. 27-29.

Descontado o tom literário e a tentação para a caricatura, essa impressão precisa desse acontecimento traduz uma dificuldade real do movimento contra o regime militar. Seu caráter de massa ("100 mil") esconde, mas não resolve a primeira e mais elementar dificuldade do movimento oposicionista. Ele reside na sua incapacidade de realizar alianças extraclasse, para baixo, i.e., em direção à classe operária e aos setores populares urbanos outrora mobilizados pelos "populistas". Nesse sentido, a escassez de "povo" na marcha pode ser testemunha dessa realidade. Mas há mais dois impedimentos que travam a luta. Saes identifica, apropriadamente, suas naturezas. Trata-se de um impedimento ideológico e de um impedimento político.

Do *ponto de vista ideológico*, as forças de oposição ao regime de 1964 ainda atuam com os referentes do passado: o médio empresariado, atropelado pela política econômica recessiva do governo Castello, não faz alianças extraclasse e as camadas médias tradicionais estão presas a um liberalismo completamente utópico naquela conjuntura, quatro anos e meio depois do golpe, sua luta abstrata por "democracia" [102]. Além disso, as dissensões internas do movimento estudantil – em torno principalmente da sucessão na sua entidade, a UNE – e o agravamento da repressão policial-militar conduzem esse setor à paralisia política depois de outubro de 1968.

Do *ponto de vista político*, o movimento estudantil lida com um impulso "revolucionário" (em termos de costumes, comportamentos e todo anticonformismo daí derivado), enquanto o movimento de profissionais liberais de classe média lida com um impulso utópico. Para esse último setor, o combate ao regime autoritário e à militarização do Estado não se define como um momento tático de uma grande estratégia global de luta popular, mas, diferentemente, como a condição da restauração de um regime democrático antipopulista que pudesse dotar as elites culturais de maior influência sobre o processo político controlado progressivamente pelos militares desde 1964[103].

---

[102] Décio Saes, *Classe média e sistema político no Brasil, op. cit.*, p. 213.

[103] *Id., ibid.*, p. 206.

Achamo-nos, dessa forma, diante de um impasse intransponível nessa conjuntura: as oposições desejam a redemocratização do país, mas são incapazes de mobilizar outros setores sociais para esse objetivo. As camadas médias tradicionais, ao exprimirem sua plataforma política, a instauração de uma "verdadeira democracia" (isto é, de formas de representação política antipopulistas, mas sem a mediação dos militares) conflitam tanto com projetos radicais de uma facção dos estudantes, quanto com plataformas reformistas de outra facção, só preocupada com questões "da Educação".

Portanto, dos impedimentos relativos que um setor de oposição coloca a outro, aliado ao movimento repressivo crescente do Estado e ao desenvolvimento de uma visão de mundo cada vez mais radical por parte dos militares, calçou-se o terreno para a vitória dos grupos que impunham a necessidade do aprofundamento do autoritarismo militar. O Ato 5 foi o fim do ciclo de criação de um regime abertamente ditatorial, de um lado, e o começo do seu processo de institucionalização, de outro.

Presidência da República
Casa Civil
Subchefia para Assuntos Jurídicos

ATO INSTITUCIONAL Nº 5, DE 13 DE DEZEMBRO DE 1968.

São mantidas a Constituição de 24 de janeiro de 1967 e as Constituições Estaduais; O Presidente da República poderá decretar a intervenção nos estados e municípios, sem as limitações previstas na Constituição, suspender os direitos políticos de quaisquer cidadãos pelo prazo de 10 anos e cassar mandatos eletivos federais, estaduais e municipais, e dá outras providências.

O PRESIDENTE DA REPÚBLICA FEDERATIVA DO BRASIL, ouvido o Conselho de Segurança Nacional, e

CONSIDERANDO que a Revolução Brasileira de 31 de março de 1964 teve, conforme decorre dos Atos com os quais se institucionalizou, fundamentos e propósitos que visavam a dar ao País um regime que, atendendo às exigências de um sistema jurídico e político, assegurasse autêntica ordem democrática, baseada na liberdade, no respeito à dignidade da pessoa humana, no combate à subversão e às ideologias contrárias às tradições de nosso povo, na luta contra a corrupção, buscando, deste modo, "os. meios indispensáveis à obra de reconstrução econômica, financeira, política e moral do Brasil, de maneira a poder enfrentar, de modo direito e imediato, os graves e urgentes problemas de que depende a restauração da ordem interna e do prestígio internacional da nossa pátria" (Preâmbulo do Ato Institucional nº 1, de 9 de abril de 1964);

CONSIDERANDO que o Governo da República, responsável pela execução daqueles objetivos e pela ordem e segurança internas, não só não pode permitir que pessoas ou grupos antirrevolucionários contra ela trabalhem, tramem ou ajam, sob pena de estar faltando a compromissos que assumiu com o povo brasileiro, bem como porque o Poder Revolucionário, ao editar o Ato Institucional nº 2, afirmou, categoricamente, que "não se disse que a Revolução foi, mas que é e continuará" e, portanto, o processo revolucionário em desenvolvimento não pode ser detido;

CONSIDERANDO que esse mesmo Poder Revolucionário, exercido pelo Presidente da República, ao convocar o Congresso Nacional para discutir, votar e promulgar a nova Constituição, estabeleceu que esta, além de representar "a institucionalização dos ideais e princípios da Revolução", deveria "assegurar a continuidade da obra revolucionária" (Ato Institucional nº 4, de 7 de dezembro de 1966);

CONSIDERANDO, no entanto, que atos nitidamente subversivos, oriundos dos mais distintos setores políticos e culturais, comprovam que os instrumentos jurídicos, que a Revolução vitoriosa outorgou à Nação para sua defesa, desenvolvimento e bem-estar de seu povo, estão servindo de meios para combatê-la e destruí-la;

CONSIDERANDO que, assim, se torna imperiosa a adoção de medidas que impeçam sejam frustrados os ideais superiores da Revolução, preservando a ordem, a segurança, a tranquilidade, o desenvolvimento econômico e cultural e a harmonia política e social do País comprometidos por processos subversivos e de guerra revolucionária;

CONSIDERANDO que todos esses fatos perturbadores da ordem são contrários aos ideais e à consolidação do Movimento de março de 1964, obrigando os que por ele se responsabilizaram e juraram defendê-lo, a adotarem as providências necessárias, que evitem sua destruição,

Resolve editar o seguinte

ATO INSTITUCIONAL

Art. 1º – São mantidas a Constituição de 24 de janeiro de 1967 e as Constituições estaduais, com as modificações constantes deste Ato Institucional.

Art. 2º – O Presidente da República poderá decretar o recesso do Congresso Nacional, das Assembleias Legislativas e das Câmaras de Vereadores, por Ato Complementar, em estado de sítio ou fora dele, só voltando os mesmos a funcionar quando convocados pelo Presidente da República.

§ 1º – Decretado o recesso parlamentar, o Poder Executivo correspondente fica autorizado a legislar em todas as matérias e exercer as atribuições previstas nas Constituições ou na Lei Orgânica dos Municípios.

§ 2º – Durante o período de recesso, os Senadores, os Deputados federais, estaduais e os Vereadores só perceberão a parte fixa de seus subsídios.

§ 3º – Em caso de recesso da Câmara Municipal, a fiscalização financeira e orçamentária dos Municípios que não possuam Tribunal de Contas, será exercida pelo do respectivo Estado, estendendo sua ação às funções de auditoria, julgamento das contas dos administradores e demais responsáveis por bens e valores públicos.

Art. 3º – O Presidente da República, no interesse nacional, poderá decretar a intervenção nos Estados e Municípios, sem as limitações previstas na Constituição.

Parágrafo único – Os interventores nos Estados e Municípios serão nomeados pelo Presidente da República e exercerão todas as funções e atribuições que caibam, respectivamente, aos Governadores ou Prefeitos, e gozarão das prerrogativas, vencimentos e vantagens fixados em lei.

Art. 4º – No interesse de preservar a Revolução, o Presidente da República, ouvido o Conselho de Segurança Nacional, e sem as limitações previstas na Constituição, poderá suspender os direitos políticos de quaisquer cidadãos pelo prazo de 10 anos e cassar mandatos eletivos federais, estaduais e municipais.

Parágrafo único – Aos membros dos Legislativos federal, estaduais e municipais, que tiverem seus mandatos cassados, não serão dados substitutos, determinando-se o quórum parlamentar em função dos lugares efetivamente preenchidos.

Art. 5º – A suspensão dos direitos políticos, com base neste Ato, importa, simultaneamente, em: (Vide Ato Institucional nº 6, de 1969)

I – cessação de privilégio de foro por prerrogativa de função;

II – suspensão do direito de votar e de ser votado nas eleições sindicais;

III – proibição de atividades ou manifestação sobre assunto de natureza política;

IV – aplicação, quando necessária, das seguintes medidas de segurança:

a) liberdade vigiada;

b) proibição de frequentar determinados lugares;

c) domicílio determinado,

§ 1º – O ato que decretar a suspensão dos direitos políticos poderá fixar restrições ou proibições relativamente ao exercício de quaisquer outros direitos públicos ou privados. (Vide Ato Institucional nº 6, de 1969)

§ 2º – As medidas de segurança de que trata o item IV deste artigo serão aplicadas pelo Ministro de Estado da Justiça, defesa a apreciação de seu ato pelo Poder Judiciário. (Vide Ato Institucional nº 6, de 1969)

Art. 6º – Ficam suspensas as garantias constitucionais ou legais de: vitaliciedade, inamovibilidade e estabilidade, bem como a de exercício em funções por prazo certo.

§ 1º – O Presidente da República poderá mediante decreto, demitir, remover, aposentar ou pôr em disponibilidade quaisquer titulares das garantias referidas neste artigo, assim como empregado de autarquias, empresas públicas ou sociedades de economia mista, e demitir, transferir para a reserva ou reformar militares ou membros das polícias militares, assegurados, quando for o caso, os vencimentos e vantagens proporcionais ao tempo de serviço.

§ 2º – O disposto neste artigo e seu § 1º aplica-se, também, nos Estados, Municípios, Distrito Federal e Territórios.

Art. 7º – O Presidente da República, em qualquer dos casos previstos na Constituição, poderá decretar o estado de sítio e prorrogá-lo, fixando o respectivo prazo.

Art. 8º – O Presidente da República poderá, após investigação, decretar o confisco de bens de todos quantos tenham enriquecido, ilicitamente, no exercício de cargo ou função pública, inclusive de autarquias, empresas públicas e sociedades de economia mista, sem prejuízo das sanções penais cabíveis. (Regulamento)

Parágrafo único – Provada a legitimidade da aquisição dos bens, far-se-á sua restituição.

Art. 9º – O Presidente da República poderá baixar Atos Complementares para a execução deste Ato Institucional, bem como adotar, se necessário à defesa da Revolução, as medidas previstas nas alíneas d e e do § 2º do art. 152 da Constituição.

Art. 10 – Fica suspensa a garantia de habeas corpus, nos casos de crimes políticos, contra a segurança nacional, a ordem econômica e social e a economia popular.

Art. 11 – Excluem-se de qualquer apreciação judicial todos os atos praticados de acordo com este Ato institucional e seus Atos Complementares, bem como os respectivos efeitos.

Art. 12 – O presente Ato Institucional entra em vigor nesta data, revogadas as disposições em contrário.

Brasília, 13 de dezembro de 1968; 147° da Independência e 80° da República.

A. COSTA E SILVA
Luís Antônio da Gama e Silva
Augusto Hamann Rademaker Grünewald
Aurélio de Lyra Tavares
José de Magalhães Pinto
Antônio Delfim Netto
Mário David Andreazza
Ivo Arzua Pereira
Tarso Dutra
Jarbas G. Passarinho
Márcio de Souza e Mello
Leonel Miranda
José Costa Cavalcanti
Edmundo de Macedo Soares
Hélio Beltrão
Afonso A. Lima
Carlos F. de Simas

Este texto não substitui o publicado no DOU de 13.12.1968.

Fonte: http://www.planalto.gov.br/ccivil_03/ait/ait-05-68.htm. Acesso em: 25 janeiro 2023

OBS.: *Grafia atualizada segundo o Acordo Ortográfico da Língua Portuguesa de 1990, que entrou em vigor no Brasil em 2009*

3.

A NATUREZA MILITAR DA DITADURA BRASILEIRA[104]

Maquiavel advertiu n'*O Príncipe* que "os Estados que nascem subitamente – como todas as outras coisas da natureza que nascem e crescem depressa – não podem formar suas raízes e ramificações, de modo que sucumbem na primeira tempestade". A ditadura militar brasileira seguiu à risca essa lição. O *regime* ditatorial-militar não surgiu de um golpe só (a destituição de Goulart em 1964), nem terminou em um colapso político (a eleição de Tancredo em 1985). Ao invés, conheceu um processo longo e difícil de institucionalização, como intrincada e trabalhosa foi a trajetória que levou à democratização e à substituição dos governos militares por um governo civil somente na segunda metade dos anos oitenta (o governo Sarney, 1985-1989).

O livro de João Roberto Martins Filho ocupa-se justamente da fase de *consolidação* da ditadura militar. A partir de um volumoso conjunto de fatos e dados, analisa não "projetos" teóricos ou "discursos" retóricos dos atores políticos, mas as "práticas políticas concretas" das correntes castrenses rivais (p. 46). A *dinâmica militar* dos governos Castello Branco (1964-1967) e Costa e Silva (1967-1969) é o seu tema

[104] Resenha do livro de João Roberto Martins Filho, *O palácio e a caserna*: a dinâmica militar das crises políticas na ditadura (1964-1969). São Carlos: Editora da UFSCar, 1995. O livro foi reeditado pela Alameda Editorial em 2019.

principal. Neste capítulo faço um resumo minucioso das descobertas do livro e em seguida uma análise crítica.

Entre o golpe de Estado, em fins de março de 1964, e a escolha do general Emílio Garrastazu Médici para suceder Costa e Silva, impedido por um derrame, no início de outubro de 1969, a cena política nacional viu fracassar definitivamente uma Frente Ampla e a saída civil para a crise do populismo, assistiu às intensas mobilizações das camadas médias lideradas pelos estudantes universitários radicalizados descontentes com os caminhos tomados pela ditadura militar, presenciou um segundo golpe com a decretação das medidas de força reunidas no Ato Institucional n° 5 e conviveu, a partir de então, com ações diretas da oposição armada. Esses foram anos críticos da política brasileira[105].

O estudo de João Roberto Martins Filho abrange exatamente os momentos mais difíceis desse curto período (1964-1969) e está dividido em seis capítulos. Cada um deles se ocupa de uma *conjuntura crítica* do regime ditatorial em sua fase inicial. São essas conjunturas críticas que constituem o elo explicativo de todo o processo de institucionalização da ditadura militar. "Em minha hipótese", anuncia o autor, "o exame da dinâmica das crises políticas constitui recurso privilegiado para salientar certos traços até hoje pouco explorados da ditadura militar brasileira e dos regimes castrenses de novo tipo" (p. 25). De forma original, dá particular importância ao problema da *sucessão presidencial* como a fonte da instabilidade política do regime. No Capítulo 1, o autor procede a exame rigoroso e detalhado das explicações dominantes na Ciência Política a fim de construir uma "hipótese alternativa" ao paradigma "elitista burocrático" presente nos trabalhos de Cândido Mendes (1966; 1967), Alfred Stepan (1971), Fernando Henrique Cardoso (1975; 1984) e Guillermo O'Donnell (1987)[106].

---

[105] Para uma análise da história política que conduziu à edição do AI-5, ver o capítulo 2 deste livro ("O golpe de 1964 e o regime de 1968").

[106] Ver Cândido Mendes, "Sistemas políticos e modelos de poder no Brasil". *Dados*, vol. I, n. 1, 1966, pp. 7-41 e "O governo Castello Branco: paradigma e

As análises mais influentes sobre o "regime autoritário" brasileiro comportariam, segundo o autor, "uma série de dificuldades" para a compreensão da dinâmica política de suas sucessivas crises, pois teriam subestimado o papel crucial que tiveram as disputas intramilitares em cada conjuntura política importante (p. 6).

No modelo de O'Donnell, por exemplo, "o caráter militar [das] ditaduras [argentina e brasileira] corre o risco de desaparecer quando se as define por seus aspectos de racionalização burocrática. Dessa forma, bloqueia-se o entendimento não só de seu caráter como de sua dinâmica política" concreta (p. 20). De acordo com Martins Filho, "a forma de Estado que aí se consolida não encontra sua especificidade no avanço da burocratização, característica geral das sociedades capitalistas, mas no avanço da *militarização do Estado*, vale dizer, no lugar especial que as Forças Armadas iriam ocupar nas novas estruturas de poder" (p. 21, grifos meus).

No caso de Stepan, sua objeção é mais incisiva. Para ele, o principal defeito "a salientar é a necessidade em que se vê" o modelo explicativo do elitismo burocrático "de encontrar uma *elite paradigmática* que corresponda ao tipo ideal que lhe é subjacente e atenda aos pressupostos de homogeneidade, racionalidade e previsibilidade associadas à elite burocrática militar. Estaria aí", a seu ver, "o fundamento das análises que tomam o grupo da Escola Superior de Guerra como sujeito do movimento golpista, para, a seguir, eleger a corrente 'castelista' como elite paradigmática e agente central dos processos do pós-golpe" (p. 34). Sem dúvida, o esforço para achar essa elite "conduziu esses autores a superestimar um conjunto de aspectos onde se incluíam o projeto, o discurso e a ideologia castrenses, em detrimento de uma série de outros *processos vinculados às práticas, aos conflitos e às relações*

---

prognose". *Dados*, vol. I, n. 2/3, 1967, pp. 63-111; Alfred Stepan, *The Military in Politics*: Changing Patterns in Brazil. New Haven: Yale University Press, 1974; Fernando Henrique Cardoso, *Autoritarismo e democratização*. Rio de Janeiro: Paz e Terra, 1975 e "A democracia na América Latina". *Novos Estudos CEBRAP*, n. 10, out. 1984, pp. 45-56; Guillermo O'Donnell, *Reflexões sobre os Estados burocrático-autoritários*. Rio de Janeiro: Vértice, 1987.

de força efetivas no seio das Forças Armadas" (p. 35; grifos meus), deixando "para um segundo plano as cisões no campo castrense, antes ou depois da tomada do poder" (p. 33).

Para superar essas deficiências, Martins Filho recupera as determinações estruturais do regime ditatorial-militar, bem como o complexo panorama das Forças Armadas brasileiras. Numa palavra: a especificidade da atuação propriamente *política* das diferentes correntes.

> "Em termos bastante simples, a perspectiva aqui defendida enfatiza o aspecto militar das burocracias militares. Em contraposição às teses elitistas burocráticas – cuja ênfase recai na homogeneidade – procuro trazer à luz as características de heterogeneidade, divisão e fluidez especificamente militares que caracterizam as práticas políticas castrenses" (p. 36).

Além disso, é preciso ir mais além e

> "criticar o modelo hegemônico na análise dos conflitos intramilitares do Brasil pós-64. Aí, o mundo castrense é compreendido a partir de uma hipótese dicotômica e dualista que o define na oposição entre dois campos fundamentais: um setor considerado 'liberal', 'moderado' ou 'legalista', portador de orientações econômicas internacionalistas, e uma ampla área onde estariam a 'linha dura', os 'radicais' ou os 'ultra', porta-vozes do nacionalismo militar. O choque entre esses campos definiria a dinâmica intramilitar do regime" (p. 41).

As coisas não se passaram exatamente assim. A corrente "liberal" (personificada em Castello Branco, Lyra Tavares e Orlando Geisel) não ficou constrangida em adotar medidas "duras" quando as circunstâncias exigiram a preservação do regime ditatorial (o AI-2, por exemplo). Os "duros" (nomeadamente os coronéis Boaventura, Ruy Castro e Costa Cavalcanti, além do general Sizeno Sarmento), por sua vez, quiseram "humanizar" a "Revolução" quando Costa e Silva assumiu o governo. Os "nacionalistas", representados pelo Ministro do Interior, general Albuquerque Lima, não podem ser confundidos com o segundo grupo, e, por fim, não se deve esquecer o enorme poder que o "grupo palaciano" (general Jayme Portella, coronel Mário Andreazza, coronel Jarbas Passarinho e general Médici) adquiriu na conjuntura 1968-1969.

O Capítulo 2 cuida do processo de implantação da ditadura militar e cobre o período que vai do golpe de março-abril de 1964 até a decretação do Ato Institucional n° 2, em outubro de 1965, e que põe fim aos partidos políticos populistas. As principais questões aqui são:

i) "Que tensões, conflitos e contradições configuraram o processo político na fase de implantação do regime militar brasileiro?
ii) Qual a relação de forças no seio da frente golpista, à medida em que a nova situação ia definindo uma política específica de ordem e desenvolvimento e ultrapassava a fase de unidade no combate ao governo populista de Goulart?
iii) Que peso tiveram as forças 'políticas' e as forças militares na construção dos rumos do regime?" (p. 45).

O autor ressalta que o regime ditatorial ficou marcado desde o início por uma dinâmica política bastante peculiar com quatro características básicas: unidade castrense frente o mundo político, dependência civil diante dos militares, impotência paisana face ao avanço do processo de militarização das arenas decisórias estratégicas e fechamento progressivo dos mecanismos de representação política. Nesse movimento já estariam presentes dois processos intramilitares que se constituiriam em fatores permanentes de crise no regime militar e iriam configurar sua dinâmica particular: o surgimento precoce de tensões na oficialidade em torno do problema da sucessão presidencial e a quase imediata aparição de tensões na caserna diante da melhor forma de participação política dos próprios militares no governo (pp. 52-53).

O Capítulo 3 analisa o castellismo no poder (refutando, definitivamente, a "autoimagem dos castelistas como uma tendência 'liberal' dentro das Forças Armadas" (p. 95)), as disputas em torno da sucessão de Castello Branco, a escolha do general Costa e Silva e a posse do novo presidente em março de 1967. Para João Roberto "[...] o processo sucessório revela-se aqui fundamental na definição da dinâmica das crises políticas do regime. Nesse sentido, o exame da polarização militar em torno da escolha do sucessor castrense" (p. 71) é o fator-chave para compreender a crise política permanente do regime.

O Capítulo 4 chama a atenção para a inércia institucional de Costa e Silva, analisa o impasse político da oposição civil dividida entre duas alternativas políticas pouco promissoras, a Frente Ampla das oposições civis e o nacionalismo militar, e apresenta sua própria visão das Forças Armadas, divididas, no intervalo que vai de março de 1967 até a eclosão da crise política em abril de 1968, naquelas quatro correntes políticas bem definidas acima. Segundo o autor, "[...] o fim do período Castello Branco propicia plena visibilidade [...] à crítica à visão dualista da dinâmica política do pós-64. O capítulo propõe uma configuração do panorama militar mais complexa e plural que o simples choque entre 'liberais' e 'duros' no seio das Forças Armadas" (p. 99).

O autor postula, a meu ver de forma bastante original, duas teses:

i) é quase impossível encontrar um grupo militar "liberal" no governo ditatorial dos militares brasileiros e a prática política concreta dos castellistas demonstra isso[107]; e

ii) a ideia de um quadro militar dual (moderados *versus* radicais) no período pós-1964 é falsa. "Depois do expurgo das forças castrenses nacionalistas e populares, a paisagem das correntes políticas atuantes nas Forças Armadas brasileiras caracteriza-se por uma pluralidade de posições e por uma complexidade de fatores de desunião e cizânia" (p. 114).

---

[107] Nunca é ocioso recordar que foram eles que promulgaram a Carta de 1967, impuseram o Ato Institucional n° 4, a Lei de Segurança Nacional e a Lei de Imprensa, entre outras medidas "revolucionárias".

O assunto central do Capítulo 5 é a crise política da ditadura militar em 1968. Entre a eclosão dos protestos estudantis, em abril, e a decretação do Ato 5, em dezembro, o livro focaliza "os processos intramilitares" como "fatores permanentes de instabilidade do regime" (p. 129). De maneira nova, ele propõe "uma periodização que dividiria a crise em duas fases. A primeira vai de abril a agosto de 1968: caracteriza-se centralmente pela 'unidade na desunião' acentuada com a súbita ascensão do movimento antiditatorial de massas [principalmente o movimento estudantil]. A segunda se estenderia de setembro a dezembro daquele ano e seu traço fundamental seria o ressurgimento de agudas tensões entre oficialidade e hierarquia – a cizânia castrense" (pp. 129-130), em função exatamente da luta pela sucessão presidencial. Em termos esquemáticos, pode-se dizer que, no plano estratégico, era mais ou menos consensual a coesão de todos os militares em defesa da sua "Revolução" (o movimento e não apenas o acontecimento), uma oposição firme e decidida a movimentos de "civilização" do regime e o entendimento claro e distinto que a questão sucessória do regime deveria ser decidida somente pelas Forças Armadas que escolheriam o presidente da República. As divergências entre as várias correntes militares estariam situadas apenas no plano tático (cf. p. 124), isto é, no modo de efetivar esses objetivos.

O Capítulo 6 (intitulado sugestivamente "Pela força das armas") discute a modalidade específica de escolha do presidente-militar brasileiro. No período entre o Ato 5, dezembro de 1968, e outubro de 1969, quando se resolve a crise sucessória do governo Costa e Silva, com o breve interregno da Junta Militar (de agosto a outubro) e a posse do general Médici (em 30 de outubro), presencia-se a clara dificuldade de institucionalização do regime ditatorial em função da ausência de regras claras para a substituição presidencial. Essa é, segundo o autor, uma "fase de transição até aqui pouco entendida em sua especificidade" (p. 159), pois estão em jogo três questões decisivas: *i*) no âmbito do aparelho militar, a existência de duas alternativas bastante diversas para a consolidação do regime ditatorial: a via dos quartéis ou do partido militar e a via do "Sistema" ou da hierarquia; *ii*) o surgimento da "guerra revolucionária" das oposições armadas e sua capacidade de potencialmente unificar as cisões intramilitares durante o governo Médici; e *iii*) a constituição progressiva do "aparelho de informações e tortura relativamente autônomo" (p. 160), a consolidação do Conselho de Segurança Nacional como a sede de poder do Estado ditatorial (p. 161) e o posterior deslocamento do centro de decisões para o Alto Comando das Forças Armadas (p. 177). A crise política da ditadura só se resolve quando enfim se define um procedimento eleitoral que estabelece a consulta a todos os oficiais-generais das três Forças, que deveriam, por sua vez, "indicar cada um três nomes. Os Altos Comandos se reuniriam para, a partir daí, escolher os vencedores. O fórum para escolha e homologação do 'candidato' seria o Alto Comando conjunto [das Forças Armadas]. Ao Congresso Nacional, que se reuniria depois de um novo ciclo de cassações, caberia legitimar a indicação castrense" (p. 184). Assim, essa nova sistemática, baseada na estrutura hierárquica, iria aglutinar todas as correntes militares, definir uma regra política para o funcionamento do regime e imprimir em definitivo seu perfil tanto ditatorial como militar.

A complexidade do panorama militar

Mesmo correndo o risco de simplificar demais a argumentação, podemos resumir sua investigação em cinco achados fundamentais para entender a história do regime:

i) *a ditadura militar brasileira é um regime em crise permanente*: a sabedoria nacional contentou-se em notar que a "democracia populista" havia se convertido em uma fórmula política insegura, instável e imprevisível. Só um "regime forte", portanto, traria a paz social necessária. O que se viu, ao contrário, foi que essas "ditaduras militares [...], a despeito do mito de sua estabilidade, constituem não apenas *formas estatais de crise* porque oriundas de crises específicas, mas também formas estatais *críticas*, marcadas por uma instabilidade específica". Para entender completamente a natureza dessa instabilidade característica é necessário estudar a "dinâmica intramilitar" (p. 41, grifos meus);

ii) *os conflitos políticos no interior das Forças Armadas são bem mais complexos do que a oposição moderados* versus *radicais*: a dinâmica intramilitar é resultante da "heterogeneidade castrense" e ela se expressa na desunião nos quartéis em torno da sucessão presidencial e na cizânia militar diante das expectativas em influenciar diretamente os rumos do regime e não apenas o figurino dos governos. Ela foi ignorada pelo modelo elitista-burocrático que focalizou apenas o grupo dos castellistas, uma "elite paradigmática supostamente portadora de um projeto racional, racionalizante e racionalizador". Esses autores não levaram em conta as tensões no interior do Palácio e na caserna, ficando completamente presos num "modelo dualista de análise do panorama militar do pós-64" (p. 190);

iii) *a cada momento em que o regime se viu contestado abertamente ele radicalizou o aprofundamento da militarização*: o exame dos conflitos na cena política no período de 1964 a 1969 também ressalta a unidade das Forças Armadas após os expurgos das correntes nacionalistas e a recusa unânime em devolver o poder de Estado aos políticos civis. "Trata-se, sinteticamente, de um processo de *unidade na desunião*" (pp. 40-41, ênfase minha). A conjuntura crítica de 1968 ilustra bem esse processo: "a ameaça civil reforçou a unidade militar [e] o novo avanço da militarização encontrou respaldo em todas as vertentes do mundo castrense". Após o AI-5 houve um "choque entre duas perspectivas militares em torno da sucessão". Entretanto, a "ascensão da guerrilha urbana" e o fracasso da candidatura nacionalista de Albuquerque Lima para a presidência "consolidou a variante hierárquica", isto é, o governo do "Sistema" no pós-1964. "Provisoriamente, o Palácio submete a caserna" (p. 191).

iv) a desunião e a cizânia são fatores permanentes e latentes e contribuem decisivamente para a instabilidade do regime ditatorial-militar: elas reapareceram com força a partir do governo Geisel quando a luta sucessória em 1977-1978 quase sacrificou a transição política.

O poder político dos militares

Parece sedutora essa proposta para entender a dinâmica política da ditadura brasileira a partir dos conflitos internos às Forças Armadas.

Contudo, pelos problemas que discute, pelas questões que levanta e, principalmente, pelas soluções que fornece, o livro de João Roberto Martins Filho merece mais do que um resumo comentado de suas teses principais. A título de provocação, gostaria de questionar um ponto que não pareceu tão bem fundamentado. Trata-se do papel central que o autor confere ao Conselho de Segurança Nacional e ao Alto Comando das Forças Armadas no interior do sistema estatal. Ele exemplifica uma das teses centrais de *O palácio e a caserna*: a natureza propriamente *militar* da ditadura brasileira (e não meramente "autoritário-burocrática") decorre da importância *política* decisiva das Forças Armadas, controladoras, em última instância, do poder de Estado.

Esta visão está ancorada numa compreensão particular da morfologia e fisiologia dos aparelhos e ramos do Estado brasileiro no período pós-64 e da distribuição de força e influência entre setores distintos (políticos e sociais) no interior do sistema estatal. Segundo o autor,

> "[...] o novo formato da representação política que resulta da crise de hegemonia burguesa nessa formação social, parec[e] apontar menos para um processo de burocratização do que para a *militarização do aparelho do Estado*. Vale dizer, o papel que passam a representar as Forças Armadas como 'partido político da burguesia', com o afastamento dos representantes propriamente políticos, expressa-se institucionalmente no

surgimento e consolidação de sedes de poder castrenses – a Presidência e seus órgãos de assessoria militar, os Ministérios das três Armas, os Comandos dos Exércitos, os Estados-Maiores das Forças Armadas e, depois de 1967, o Alto Comando das Forças Armadas – que, no aspecto político, marcam-se por uma acentuada 'desigualdade estrutural' em relação aos outros ramos e aparelhos do Estado. Nesse sentido, *a preponderância da burocracia militar no conjunto da burocracia obriga o analista a enfatizar sobretudo as características específicas desse setor enquanto ramo dominante do aparelho repressivo, nos quadros de uma forma de Estado ditatorial*" (p. 24, grifos meus).

Penso que essa tese tem maior validade (ainda que relativa) para o subperíodo 1968-1974 do que para o intervalo 1974-1985, onde o *aparelho militar* (a "caserna") conheceu um processo importante de contenção da sua autonomia política e operacional – em especial sob Geisel, que concentrou muitos poderes no próprio presidente (mais ainda do que no "Palácio"). Assim, seria difícil exportá-la para entender a dinâmica do regime todo sem discutir, concretamente, as reconfigurações do aparelho do Estado tanto à luz das mudanças efetivas na cena política (crises políticas, 'golpes dentro do golpe', manipulações das regras eleitorais etc.), como dos deslocamentos consideráveis e constantes dos centros de poder real[108]. Este é o primeiro reparo.

Em segundo lugar, creio que seja impossível deduzir a militarização das sedes de poder do Estado a partir do processo mais geral de avanço do controle militar sobre os principais recursos do *sistema político* (os impedimentos de *civilização* do regime, por exemplo). De maneira idêntica, é preciso criticar a suposição da centralidade do Conselho de Segurança Nacional (ou do Alto Comando) no processo decisório sem uma análise consistente seja das suas decisões efetivas, seja das relações internas do sistema estatal e do papel preponderante

---

[108] Sobre esse ponto, ver o capítulo 4 deste livro ("Quando falam os documentos: Estado, política e planejamento").

que outros aparelhos, tais como os conselhos econômicos, desempenharam no período inicial do regime brasileiro. Se devemos analisar a "prática política" efetiva dos agentes, e não seus "discursos" ou intenções, como afirmar que o CSN enfeixava o poder real a partir de estudos de base empírica reduzida[109], opiniões retrospectivas[110], observações de conjuntura[111] ou notícias de jornais[112] sem uma análise precisa das relações de força, poder e influência dos principais ramos e aparelhos do sistema institucional do Estado militar? Problema diferente do peso político do Gabinete Militar da Presidência da República, cuja ação foi discutida com muitos detalhes no capítulo V do livro.

De resto, a mesma exigência pode ser aplicada à análise do próprio aparelho militar. Se o livro insiste que enfim o "Palácio" venceu a "caserna" em 1969 enquadrando, dentro do rígido princípio hierárquico, as várias forças político-ideológicas presentes nas Forças Armadas, como entender a constituição de um aparelho de informações, repressão e tortura, cuja consolidação só se dá, efetivamente, no período posterior (isto é, no governo Médici – 1969-1974), e cuja maior característica e fonte de poder foi justamente sua autonomia? Se após a crise sucessória de 1969 o Alto Comando das Forças Armadas tornou-se tão poderoso assim, deslocando o Conselho de Segurança Nacional do papel de centro decisório mais importante do regime militar (p. 183, n. 68), por que então não foi capaz de "fazer seu candidato", o general Orlando Geisel, perdendo para o general Médici em todas as "zonas eleitorais" em que o Exército foi dividido?

Essas observações não comprometem, evidentemente, as principais conclusões do livro. Penso que elas permanecem úteis para se

---

[109] Cf. Eliézer Rizzo de Oliveira, *As forças armadas*: política e ideologia no Brasil (1964-1969). Petrópolis: Vozes, 1978, p. 93.

[110] Cf. Hugo Abreu, *O outro lado do poder*. 2ª. ed. Rio de Janeiro: Nova Fronteira, 1979, p. 37.

[111] Cf. Carlos Castello Branco, *Os militares no poder*. Vol. II: O Ato 5. Rio de Janeiro: Nova Fronteira, 1978, p. 254

[112] Cf. *Correio da Manhã*, 10 janeiro 1968.

analisar as delicadas *conjunturas críticas* que cercaram as sucessões de Médici (em 1972-1973) e de Geisel (em 1977-1978). Os achados de João Roberto permitem esclarecer os movimentos de afastamento e aproximação dessas diferentes correntes militares com seus candidatos e diante dos seus rivais e as novas coalizões de forças que se cristalizaram nos dois governos. Resta desse esforço sobretudo uma lição: a história política brasileira é mais rica e complexa do que permite supor os modelos forjados mais sobre as intenções (ou sobre as autojustificativas) do que sobre os atos dos seus protagonistas. Daí que seu estudo não possa prescindir da análise concreta de cada situação concreta.

4.

QUANDO FALAM OS DOCUMENTOS: ESTADO, POLÍTICA E PLANEJAMENTO

Durante o regime ditatorial-militar, um dos tópicos mais discutidos pelos círculos dirigentes dos governos foi a hierarquia política entre os vários níveis decisórios do Estado e, especificamente, o problema do arranjo para organizar o *processo de tomada de decisões econômicas* de forma eficiente e, de preferência, sem conflitos.

O ponto central desse debate, algumas vezes explícito, outras não, mas quase nunca público, era estabelecer qual seria o formato mais eficaz da distribuição das funções de governo pelo organograma federal. Essas não eram questões meramente burocráticas, pois envolviam a definição da posição, mais próxima ou mais distante, das diversas agências estatais ou dos ministérios e dos seus controladores em relação aos centros de poder efetivos da ditadura.

Para tomarmos um caso típico, a formulação das estratégias de desenvolvimento estava sob a responsabilidade do ministro titular do Planejamento, enquanto a implementação de políticas macroeconômicas encontrava-se sob o controle de outro, o da Fazenda. Isso quando essas duas etapas não ficavam concentradas em um único decisor com superpoderes. A consequente personalização do processo decisório daí decorrente era geralmente desculpada em nome da rapidez, eficácia e agilidade que a diminuição de arenas e do encurtamento de rotinas garantiria. Nesse caso, o ideal de "modernização" do sistema administrativo federal que inspirou as sucessivas reformas administrativas no âmbito da gestão da política econômica era pensado como o meio para assegurar uma espécie de coerência do sistema decisório (isto é, a unidade política em torno dos objetivos estratégicos da ditadura), a lógica de procedimentos (sua pretensa "racionalidade") e a qualidade dos resultados que deveriam ser alcançados (ou seja, próprio "desenvolvimento nacional").

Este capítulo analisa em detalhe uma discussão em torno do arranjo burocrático e da divisão de competências na gestão da economia a partir de dois documentos reservados do *Arquivo Privado de Golbery do Couto e Silva/Heitor Ferreira* (APGCS/HF). Esses papéis reservados contêm uma avaliação e uma discussão sobre a eficiência do desenho do sistema de decisões econômicas durante o regime ditatorial militar no Brasil[113].

O primeiro documento, de 1973, está intitulado *Estrutura de governo, notadamente quanto à área econômica*; o segundo, de 1979, é divido em três partes, *Secretaria de Planejamento (SEPLAN)*, *Ministério da Fazenda* e *Diretrizes gerais de política econômica (SEPLAN e MiniFAZ)*. Nesses papéis, os ministros João Paulo dos Reis Velloso e Mario Henrique Simonsen recomendam fórmulas distintas para a hierarquia, a disposição e as funções dos aparelhos econômicos do Estado. Ao invés de verificar se as propostas ali contidas foram postas em prática, o que farei é ressaltar através delas os motivos dos conflitos burocráticos do período ditatorial. Esse material permite ler nas entrelinhas não as diferenças de concepção entre civis e militares acerca do tamanho do poder que cada uma dessas alas deveria ter no regime, mas as disputas dos círculos dirigentes civis do regime pelo comando global da economia nacional. Um aspecto que se ressalta desses registros é a teorização sobre o desenho do Estado que

---

[113] Destaco a rapidez com que acolheu minha solicitação e a generosidade do jornalista e pesquisador Elio Gaspari que cedeu para este estudo quatro documentos inéditos do Arquivo Privado de Golbery do Couto e Silva/Heitor Ferreira (APGCS/HF) citados em *A ditadura derrotada* (São Paulo: Companhia das Letras, 2003).

sintomaticamente não levava em conta o poder político dos militares na administração da economia.

O entendimento sobre como era e, especialmente, como deveria ser o sistema de aparelhos econômicos, qual a quantidade de poder controlável pelos diferentes *state managers* e, por extensão, quais seriam as condições políticas para implementar o plano econômico de cada um deles estão na base dos diferentes desenhos institucionais propostos pela área econômica dos governos militares de Geisel (1974-1979) e de Figueiredo (1979-1985). A concepção e a direção que cada facção da elite estatal quis dar ao arranjo burocrático são bastante reveladores da lógica implícita que orientou o duelo invisível das cúpulas ministeriais desses governos pelos recursos financeiros e institucionais do Estado ditatorial. Essa batalha exprime as constantes disputas pela liderança entre os ministérios, pela autoridade sobre a formulação da agenda de governo e pelo poder de comando sobre o conteúdo da política econômica. A peculiaridade aqui é que os dois redatores dessas propostas, Simonsen e Reis Velloso, não falam como parte interessada nessa guerra pelo máximo poder de iniciar ou vetar decisões, mas como projetistas "objetivos" de instituições. Assumem, assim, a função de pensadores do Estado ditatorial. Seu papel político é travestido de uma obrigação intelectual e toda a retórica burocrática justifica a organização formal do governo com base na ideologia da eficiência dos meios e da eficácia dos resultados. Assim, é menos como decisores que os dois ex-ministros da ditadura interessam aqui e mais como desenhadores do Estado autoritário: como projetistas da ditadura militar.

Analiso esses documentos a partir de dois pontos de vista, sua *autoria* e seu *conteúdo*. O objetivo é explicitar a lógica política dos condutores econômicos, lógica essa que comanda as opções técnicas sobre a estrutura organizacional do Estado ditatorial brasileiro.

O capítulo está dividido em três seções. Na primeira, falo da importância da discussão sobre a composição interna do aparelho do Estado e as implicações desses formalismos para a distribuição do poder burocrático. A segunda e terceira seções são a tradução do documento redigido por Reis Velloso e dos textos de autoria de Mario Henrique Simonsen com base nas duas variáveis propostas acima (autoria e conteúdo). Na explicação desse material, especifico as reprovações de Reis Velloso ao método de Delfim Netto de comando da política econômica durante os governos de Costa e Silva e Médici, destacando o real sentido do novo esquema proposto em fins de 1973 e que deveria ser adotado na administração Geisel no âmbito de uma grande reforma institucional da ditadura. Resumo então as críticas formuladas por Simonsen em princípios de 1979 à essa disposição institucional concebida por Reis Velloso e assumida, com alguns ajustes, durante o governo de Geisel. As propostas de Simonsen, que viria a ser o ministro-chefe da Secretaria do Planejamento do governo Figueiredo, para redefinir toda a cadeia de comando da economia nacional são comentadas tendo em vista os conflitos político-burocráticos da fase final do período ditatorial.

Política burocrática e sistema estatal militar

Concebido e implementado parcialmente o decreto-lei n. 200 de 1967, a organização da administração pública federal, que parecia ter enfim assumido um aspecto mais "moderno" e uma forma mais definitiva, logo sofreu uma série de modificações. Esses ajustes começaram já em 1969[114] e os sucessivos governos dos militares procuraram adequar as ordenações da reforma administrativa de Castello Branco às exigências impostas por duas outras variáveis no lugar das pretendidas racionalidade e eficiência: poder e interesse.

---

[114] Para todas as alterações do decreto-lei n. 200 de 25 fev. 1967, ver a página da Subchefia para Assuntos Jurídicos do governo federal, disponível em: <www.planalto.gov.br/ccivil_03/Decreto-Lei/Del0200.htm>, acessada em 27 set. 2022. Robert T. Daland, em seu *Exploring Brazilian Bureaucracy*: Performance and Pathology (Washington, University Press of America, 1981), enfatiza que as mudanças promovidas pelo decreto-lei n. 200 foram insuficientes para redefinir tanto as relações horizontais entre os órgãos da administração direta e indireta, quanto as relações verticais entre os centros de poder do Estado ditatorial.

A distribuição do poder pelos diversos ramos do aparelho do Estado e a capacidade de impor interesses de acordo com a força ou influência dos diferentes grupos políticos, militares e sociais sobre os centros decisórios variaram conforme os conflitos intraburocráticos ao longo de cada conjuntura política. Daí o fato de a evolução institucional – os períodos e as fases em que se dividiu o regime político ditatorial[115] – responder, de um lado, às repetidas arrumações do *sistema político* (ora mais "fechado", ora mais "aberto") e, de outro, às sucessivas reorganizações do *sistema estatal* (ora mais ou menos centralizado em determinado aparelho e/ou decisor).

A oposição entre as diversas facções da burocracia civil da área econômica cumpriu um papel bem mais decisivo para a compreensão da evolução e da transformação institucional do Estado ditatorial do que as disputas entre civis e militares pelas finalidades do "movimento de 1964". Por isso, as relações entre o Executivo, seus aparelhos e centros de poder, de um lado, e os vários grupos rivais presentes nas Forças Armadas, de outro, são bem mais complexas do que a ideia segundo a qual o controle dos principais recursos institucionais do sistema político pelo estabelecimento militar deveria, *necessariamente*, submeter o conjunto do processo decisório do Estado à influência das "doutrinas de segurança" ou dos "projetos de potência nacional"[116].

Assim, há uma dinâmica *não militar* (embora, a depender das características do general-presidente na função, responda a ela) que comanda a polêmica em torno do desenho assumido pelo sistema decisório. Ela é determinada pela competição entre burocracias civis em torno da quantidade de *instrumentos de política econômica* que deverá estar sob controle de determinada repartição governamental. Os sucessivos rearranjos no primeiro escalão a cada governo militar, desde a mera substituição de ministros até os deslocamentos de

---

[115] Sobre esse ponto em específico, ver o capítulo 9 deste livro.

[116] Para uma discussão mais detalhada, ver Suzeley Kalil Mathias, *A militarização da burocracia*: a participação militar na administração federal das comunicações e da educação – 1963-1990. São Paulo: Editora Unesp, 2004.

dominância e influência de um centro de poder para outro, são uma resposta à impossibilidade de separar a racionalidade abstrata da ação estatal das aspirações políticas e ideológicas dos tecnocratas civis. Elas podem se somar aos objetivos políticos e estratégicos dos governantes militares, em última instância, mas não se reduzem a eles.

Nesse contexto, a discussão tradicional sobre a relação entre Estado e economia – ou, mais especificamente, a relação entre a organização do aparelho central do Estado e o processo decisório de política econômica – adquire um sentido estratégico para entender três aspectos da ditadura: *i*) a grande autonomia do Estado diante da sociedade, *ii*) a tutela militar sobre o sistema político e *iii*) o poder político próprio dos tecnocratas do governo. Esses tecnocratas tendem a converter-se numa espécie de elite dirigente com grande liberdade de ação, seja para redefinir o desenho do sistema estatal, seja para eleger os aparelhos burocráticos com os quais precisam contar (bancos estatais, fundos financeiros, comissões governamentais, conselhos interministeriais) a fim de implementar as "suas" políticas de desenvolvimento, de ajuste, de câmbio, e assim por diante.

O capítulo aborda essas questões a partir da análise dos documentos referidos do *Arquivo Privado de Golbery do Couto e Silva/Heitor Ferreira*. Trata-se de correspondência reservada entre o presidente da República e os futuros ministros. O primeiro texto será referido de agora em diante como *documento Reis Velloso* e o segundo como *documento Simonsen*. No diagnóstico desse material, decodificamos as ambições políticas das cúpulas civis desse Estado, encobertas pela retórica burocrática e expressas na mais monótona linguagem administrativa em torno do problema do formato "racional" que deveria assumir o sistema decisório e, por extensão, da funcionalidade ou da disfuncionalidade da capacidade executiva do regime ditatorial.

Do ponto de vista historiográfico, o ineditismo desses documentos do *Arquivo Privado GCS/HF* está longe de ser irrelevante. Mas o mais importante é que seus enunciados podem ser tomados como uma chave para interpretar as relações postuladas entre as diferentes partes das cúpulas desse Estado militarizado. Permitem tratar, daí seu interesse especial, de uma série de assuntos interligados que, em função da natureza secreta do processo decisório do regime ditatorial, nunca havia ficado muito clara aos analistas. Por exemplo: a quantidade de poder controlada pela presidência da República (o *aparelho burocrático*), o tipo de poder exercido pelo presidente-militar (enquanto *decisor soberano*) e a ascendência de um centro decisório específico, ora dentro, ora fora do círculo palaciano, dotado de autonomia política e/ou operacional.

O documento Reis Velloso e o desenho da política econômica

O documento reservado *Estrutura de governo, notadamente quanto à área econômica* consiste em oito folhas datilografadas sem data, nem assinatura. Possivelmente foi entregue por Reis Velloso ao então futuro presidente Geisel em novembro de 1973[117]. Um dos assuntos em pauta na área econômica durante as discussões para a formação do novo gabinete era o da repartição do poder de decidir entre cada ministério/ministro. Por isso, esses papéis permitem, de um lado, reconstruir o diagnóstico sobre o modelo de administração anterior, comandada de forma ultracentralizada por Delfim Netto[118], e, de outro, traduzir os novos propósitos e as concepções dos principais assessores do governo Geisel diante da dificuldade não do conteúdo e sim da forma da gestão da política econômica[119].

---

[117] A informação é de Elio Gaspari. Ver o seu livro *A ditadura derrotada*: o sacerdote e o feiticeiro. São Paulo: Companhia das Letras, 2003, p. 297, nota 83.

[118] Antônio Delfim Netto foi ministro da Fazenda dos governos Costa e Silva (1967-1969) e Médici (1969-1974), ministro da Agricultura (1979) no início do governo Figueiredo (1979-1985) e, posteriormente, ministro-chefe da Secretaria de Planejamento da Presidência da República (1979-1985). Durante o governo Geisel (1974-1979) foi embaixador do Brasil na França (1975-1978), tendo sido também Secretário da Fazenda do estado de São Paulo (1966-1967).

[119] Para uma visão geral desses pontos e o seu contexto, ver os depoimentos de Ernesto Geisel e Reis Velloso ao CPDOC: Maria Celina D'Araújo e Celso Castro

Sem evasivas, o registro começa colocando o problema da maneira mais direta possível: "como pode o Presidente da República dispor de uma organização administrativa que assegure [...] a preservação [da] orientação geral de política econômica e social?"[120]. Em outras palavras: como pode o presidente militar exercer, *de fato*, poder de decisão sobre a área econômica, alterando o padrão de governo de Costa e Silva e de Médici, os dois presidentes que haviam delegado essa função ao então todo-poderoso ministro da Fazenda?

A ampliação das funções mais ordinárias, a conquista de poder sobre todos os temas da economia por parte da pasta da Fazenda entre 1967 e 1974 (política comercial, agrária, cambial, monetária, orçamentária, de desenvolvimento, de preços, de abastecimento etc.) e a ascensão desse Ministério e do seu ministro à condição de coordenador máximo da política de governo compuseram o acontecimento burocrático mais notável da história administrativa da ditadura militar até 1974. O controle exercido pelo comandante do Ministério da Fazenda sobre o Conselho Monetário Nacional (CMN) tinha uma dupla utilidade: *i*) Delfim Netto, ao aumentar a composição do CMN, trazendo para a agência todos os presidentes dos bancos oficiais (Banco Central, Banco do Brasil, BNDE, BNH, CEF), além dos ministros do Planejamento e Coordenação Geral, da Indústria e Comércio, do Interior e da Agricultura, trazia junto as funções desses aparelhos superintendendo suas respectivas áreas de atuação; e *ii*) ao controlar tantas agendas e, por extensão, os interesses dos setores empresariais privados conectados a elas, o superministro passou a controlar também a política de prioridades políticas do Estado

---

(orgs.), *Ernesto Geisel*. Rio de Janeiro: Fundação Getúlio Vargas, 1997; e *Tempos modernos*: João Paulo dos Reis Velloso, memórias do desenvolvimento. Rio de Janeiro: Fundação Getúlio Vargas, 2004. O depoimento de Geisel é analisado no capítulo 7 ("A lógica militar da liberalização").

[120] *Estrutura de governo, notadamente quanto à área econômica*. Arquivo Privado de Golbery do Couto e Silva/Heitor Ferreira (APGCS/HF), p. 1.

militar, selecionando, estratificando, hierarquizando e elegendo enfim os interesses das várias clientelas empresariais[121].

Conforme esse arranjo, entre fins dos anos 1960 e início dos anos 1970, o sistema institucional do Estado ditatorial encontrava-se dividido em dois blocos. Cardoso sustenta que havia dois circuitos decisórios diferentes funcionando em paralelo: um conjunto de aparelhos repressivos e um outro de aparelhos econômicos, isto é, encarregados da gestão econômica. A Presidência da República ficava situada entre essas duas grandes estruturas burocráticas, exercendo um papel moderador e tutelar. A peculiaridade do Estado brasileiro, nesse período, é que a Presidência militar não era o lugar do exercício da *autoridade pessoal* do líder político do regime ditatorial, mas antes um centro de poder que exprimia a correlação de forças entre as diferentes facções das Forças Armadas nacionais[122].

Na virada do governo Médici para o governo Geisel (1973-1974), começarão a aparecer propostas alternativas para refazer esse organograma e redistribuir o poder de decisão. Eugênio Gudin defendia, desde o início da década de 1970, a criação de um grande "Ministério da Economia" que coordenasse todos os temas de política interdependentes. Na sua visão, o fundamental era garantir unidade de orientação da economia nacional. Para não inflacionar demais o poder político desse possível ministro da Economia, fazendo dele uma espécie de primeiro-ministro do governo ou um "ditador da economia" do setor público, Gudin imaginou que bastaria criar um conselho econômico composto por secretários de Estado, assessores especializados não do presidente, como seriam nos Estados Unidos, mas do próprio titular

[121] Para uma explicação do processo de conquista de poder do ministro da Fazenda sobre as demais pastas, ver Celso Lafer, *O sistema político brasileiro*: estrutura e processo. São Paulo: Perspectiva, 1975, pp. 89-117; e Maria Lucia Teixeira Werneck Vianna, *A administração do "milagre"*: o Conselho Monetário Nacional (1964-1974). Petrópolis: Vozes, 1987, pp. 110-180.

[122] Para uma análise pioneira da estrutura decisória do governo Médici, ver Fernando Henrique Cardoso, *Autoritarismo e democratização*. Rio de Janeiro: Paz e Terra, 1975, pp. 201-212.

da Economia, convocando eventualmente outros ministros "quando se tratasse de assuntos de suas pastas". De forma alguma essa função deveria caber ao presidente da República, devido à falta de tempo e mesmo a falta de especialização em economia. Nesse desenho, o Ministério do Planejamento seria suprimido[123]. Hélio Beltrão, ex--ministro do Planejamento e Coordenação Geral do governo Costa e Silva, bateu-se por sua vez por uma "Secretaria Geral da Presidência da República" que estivesse situada acima dos ministérios ordinários a fim de "imprimir unidade e perfeita sintonia" aos diversos ramos e ao processo decisório como um todo[124]. Essa pretensão era oposta à de Gudin, pois se não fazia do presidente militar o centro do sistema de decisões do Estado, impedia que um ministro subordinasse os demais. Numa linha diferente dessas duas primeiras, Reis Velloso insistirá que o conflito de funções e competências que havia prevalecido entre o Ministério da Indústria e Comércio (MIC), o da Fazenda (MiniFAZ) e o do Planejamento e Coordenação Geral (MPCG) nos dois últimos governos militares só se resolveria "por ação direta do Presidente da República"[125].

As questões fundamentais desse debate podem ser resumidas da seguinte forma: dado que havia, em razão do desenho do sistema administrativo durante Costa e Silva-Médici, uma fragmentação da política econômica em várias direções, às vezes com objetivos contraditórios, e que era preciso coordenar as tomadas de decisão nesse

---

[123] Cf. os artigos "A reforma administrativa", 8 fev. 1971, e "Reorganização da cúpula de governo no setor da economia", 4 fev. 1972, publicados originalmente no jornal *O Globo* e depois reunidos em Eugênio Gudin, *O pensamento de Eugênio Gudin*. Rio de Janeiro: Fundação Getúlio Vargas, 1978, pp. 290-291 e pp. 217-219. Para mais referências sobre essa discussão, ver Adriano Codato, *Sistema estatal e política econômica no Brasil pós-64*. São Paulo: Hucitec, 1997, pp. 81-85.

[124] Citado em Eugênio Gudin, "O Ministério da Economia" (14 jan. 1974). *In*: *O pensamento de Eugênio Gudin*, *op. cit.*, p. 339. Sobre a posição de Beltrão, ver "Presidente fica ainda mais forte", *O Estado de S. Paulo*, 20 mar. 1974, p. 6.

[125] Estrutura de governo, notadamente quanto à área econômica, em APGCS/HF, p. 3.

domínio, qual seria a estrutura mais adequada? A quem deveria caber, então, toda a organização da política econômica? Resposta do *documento Reis Velloso*: ao general Geisel em pessoa. "Salvo por ação direta do Presidente da República [é] possível melhorar a estrutura existente"[126]. Embora essas questões fossem postas como um grande problema administrativo ou abstratamente de eficiência sistêmica, a solução parece derivar antes de tudo das características pessoais do titular do cargo e as recomendações desse documento feitas por encomenda. Geisel era centralizador, cioso de sua autoridade e não pretendia delegar quaisquer funções mais importantes de comando, nem da economia nacional, nem da política ditatorial.

Havia, segundo o *documento Reis Velloso*, cinco grandes distorções que comprometiam a eficiência desse sistema decisório.

Em primeiro lugar, os instrumentos de implementação da política econômica estavam mal repartidos entre o MPCG, o MiniFAZ e o MIC. Essa questão da divisão de poderes entre essas pastas conduzia a uma segunda dificuldade: o Ministério do Planejamento concentrava os instrumentos para a operação da política econômica somente na área governamental (o orçamento, por exemplo), a Fazenda, na área empresarial (incentivos fiscais) e o Ministério da Indústria e Comércio administrava as taxações sobre os projetos e os produtos industriais. A questão não era somente de definição de áreas de atuação, mas também conduzia a problemas de fixação de objetivos comuns ao governo como um todo: o MiniFAZ ou o MIC poderiam divergir quanto "à orientação geral de governo" e daí perseguirem "seus objetivos próprios" autonomamente, por exemplo. Uma quarta disfunção dessa estrutura era que o Conselho Monetário Nacional, "nos últimos quatro anos" – isto é, entre 1970 e 1973 –, havia assumido "grande número de novas atribuições" e ampliado "consideravelmente" sua composição[127]. O CMN centralizara em demasia a política financeira durante o governo Médici, fazendo com que as pastas do Planejamento,

---

[126] *Idem.*

[127] *Ibidem*, pp. 2, 3 e 6, respectivamente.

da Indústria e Comércio e do Interior perdessem quase todas as prerrogativas. Nesse contexto institucional, que papel era possível dar a esses aparelhos?

A solução de Gudin – criar um "Ministério da Economia" que reunisse as agendas típicas do Planejamento, Fazenda, Indústria e Comércio, Agricultura e Interior em um único portfólio – só abriria, na visão de Reis Velloso, uma concorrência explícita com os poderes do presidente da República. Um superministério com tantas capacidades, comandado por um superministro, "dificilmente seria compatível com um regime autenticamente presidencial"[128], tampouco se ajustaria ao figurino centralizador e autoritário que o general Geisel gostaria de imprimir ao seu governo.

Conforme as sugestões do documento, a "solução natural do problema seria colocar o" Ministério do Planejamento "como unidade da Presidência da República". O futuro ministro "extraordinário" do Planejamento teria o mesmo nível dos ministros-chefes da Casa Militar, da Casa Civil, do Gabinete Militar e do Serviço Nacional de Informações. Isso porque o órgão de planificação deveria ser, "por excelência, mecanismo assessor do presidente da República para a preservação da visão global e orgânica da atuação do governo". Além do mais, esse ministro "extraordinário" poderia inclusive acumular "sua posição com a de secretário-geral de um eventual Conselho de Desenvolvimento".

Há elementos importantes nessas propostas. O novo ministério teria como atribuição principal a ação de *coordenação geral* do governo (o que por si só já significava razoável poder) e de planejamento global do desenvolvimento econômico, distinguindo-se da ação de *execução* de políticas setoriais, atribuições essas dos ministérios "ordinários". Separando os dois níveis, seria possível pôr fim à competição política entre os ministérios – mesmo porque o novo ministro "extraordinário" do Planejamento "teria funções nitidamente técnicas"[129].

---

[128] *Ibidem*, p. 3.

[129] *Ibidem*, pp. 3-4.

E a instituição de um suposto Conselho de Desenvolvimento poderia substituir o tal Ministério da Economia de Gudin com uma vantagem: esse comitê seria mais um órgão à disposição do presidente e não uma agência, como o CMN, controlado por um ministro incontrolável como Delfim Netto.

Mas o que afinal estava em jogo nessa discussão sobre o sistema decisório da ditadura e quais as consequências desse rearranjo?

Primeiro, aumentaria significativamente a proximidade desse ministro "extraordinário" do Planejamento com o núcleo do poder ditatorial num contexto em que a Presidência deixaria de exercer um papel meramente arbitral. Segundo, mas não menos importante, isso implicava no aumento do poder do próprio Reis Velloso, o inventor da ideia. Reis Velloso havia sido o titular do MPCG da Junta Governativa Provisória de 1969 e durante toda a administração do general Médici o ministério praticamente não teve funções reais. Conforme esse apontamento, o Planejamento e Coordenação Geral se transformaria num superministério, já que além do orçamento global da União, que deveria permanecer subordinado a ele, cogitou-se também a incorporação do MIC pelo Planejamento ou a fusão do MINTER com esse novo MPCG. Para coroar, haveria uma nova divisão do trabalho no sistema financeiro com a readequação do papel do Conselho Monetário e seu retorno às suas funções oficiais, e uma especialização do sistema bancário público, tanto em termos de fontes de financiamento, como de operações de crédito[130]. Antecipando-se às possíveis objeções, o redator do documento apressou-se em dizer que todas essas alternativas eram imaginadas tão só para "ajudar o Presidente da República a preservar uma orientação geral" para a economia nacional

[130] O capital à disposição do BNDE seria consideravelmente aumentado se ele pudesse gerir os fundos PIS e PASEP e, com isso, financiar a expansão do setor siderúrgico, de indústrias de base e da infraestrutura nacional. O Banco do Brasil financiaria o capital de giro e o capital fixo do setor agrícola e a Caixa Econômica Federal o capital de giro de curto prazo das firmas privadas. Ver *ibidem*, p. 8.

e não para criar um ministério "autossuficiente, que desequilibraria toda a estrutura administrativa"[131].

Na prática, enfim, o que ocorreu?

A lei 6.036, de 1º de maio de 1974, criou o Conselho de Desenvolvimento Econômico (CDE) e transformou o Ministério do Planejamento e Coordenação Geral na Secretaria de Planejamento da Presidência da República (Seplan), modificando os artigos 32, 35 e 36 do decreto-lei n. 200/67. Os dois aparelhos seriam, a partir de então, "órgãos de assessoramento imediato do Presidente da República" (art. 1º).

De acordo essa nova lei, a função do CDE era auxiliar "o Presidente da República na formulação da política econômica e, em especial, na coordenação dos ministérios" afins, conforme a orientação macroeconômica definida pelo II Plano Nacional de Desenvolvimento (art. 3º). Esse conselho, presidido diretamente por Geisel, seria integrado pelos Ministérios da Fazenda (Mário Henrique Simonsen), Indústria e Comércio (Severo Gomes), Agricultura (Alysson Paulinelli) e Interior (Rangel Reis), além do ministro-chefe da Seplan, Reis Velloso, que cumpriria as funções de secretário-geral do CDE (art. 4º). À Seplan, por sua vez, caberia auxiliar diretamente o Presidente da República na coordenação, revisão e consolidação dos programas setoriais e regionais e na elaboração da programação geral do governo (art. 5º, par. 1º). Essas funções de coordenação se estenderiam também sobre o sistema de planejamento e orçamento federal, inclusive no acompanhamento da execução do plano de desenvolvimento, nas medidas de política econômica, científica, tecnológica e social e sobre os assuntos afins ou interdependentes que interessassem a mais de um ministério (art. 7º). Por isso, outros ministros de Estado poderiam via a serem convocados a participar das reuniões do CDE, se fosse o caso (art. 4º, par. 1º).

O alcance desse rearranjo no arcabouço administrativo do Estado ditatorial não ficou restrito às modificações do organograma de governo e repercutiu também sobre as relações interburocráticas e na

[131] *Ibidem*, pp. 4, 6 e 5, respectivamente.

distribuição de funções e competências no sistema estatal. A adoção de uma estrutura muito particular de decisão, quando comparada com a dos governos anteriores, e a fixação de novas leis de operação, métodos de trabalho e hierarquias decisórias permitiram fazer do presidente da República o funil obrigatório da política estatal. Durante o governo de Geisel, esse poder arbitral entre as pastas econômicas e, mais exatamente, a prerrogativa do presidente para intervir no processo decisório, ao contrário de militarizar o sistema, cumpriu a função de *afastar o alto e o médio oficialatos das rotinas de governo*, evitando assim a influência direta das Forças Armadas (e de suas muitas facções) sobre a política econômica. Outro ganho considerável da centralização das agendas e das prerrogativas ministeriais e da concentração do poder na Presidência foi dificultar a presença ostensiva do grande empresariado nos centros de poder, bloqueando o padrão de barganha seguido durante a gestão do antigo ministro da Fazenda[132]. Esses dispositivos, em princípio "meramente" burocráticos, implicaram o acréscimo da autonomia da Presidência da República e o reforço do poder do Estado ditatorial. Quando se considera o governo de Geisel, este deve ser um elemento-chave para entender seu projeto de governo e, principalmente, os meios que o tornaram possível.

O documento Simonsen e a migração do centro decisório do Estado

O *documento Simonsen* reúne três folhetos: *Secretaria de Planejamento (Seplan)*, com cinco páginas datilografadas; *Ministério da Fazenda*, com quase três páginas completas; e *Diretrizes gerais de política econômica (Seplan e MiniFAZ)*, de uma página. Sem data nem assinatura, há grande probabilidade de terem sido ditadas por Mario Henrique Simonsen em janeiro de 1979 para serem entregues ao então

[132] Cf. Adriano Codato, *Sistema estatal e política econômica no Brasil pós-64*, *op. cit.*

general eleito, João Baptista Figueiredo[133]. Simonsen permaneceria na área econômica do governo, mas trocaria de portfólio, deixando a Fazenda para comandar o Planejamento.

A ideia básica do futuro ministro do general Figueiredo pode ser resumida numa frase. Entre todas as medidas listadas para, a partir de 1979, redirecionar a política econômica (conter a inflação, ajustar o balanço de pagamentos, reduzir a taxa de juros, estimular a poupança interna etc.), o item 9 das *Diretrizes gerais de política econômica (Seplan e MiniFAZ)* estabelecia a seguinte meta: "descentralizar o poder de decisão sobre as atividades econômicas"[134]. Isto é: retirar do general-presidente da República o poder de iniciativa e veto nessa matéria.

Na linguagem cifrada do primeiro escalão da burocracia econômica do regime militar, "descentralizar" era uma forma educada e condensada para dizer três coisas: *i*) o Conselho de Desenvolvimento Econômico, criado em 1974 como órgão subsidiário da Presidência e todo-poderoso até então, deveria perder o desproporcional poder de agenda exibido durante o governo de Geisel até se tornar uma câmara mais consultiva que deliberativa; *ii*) a influência e a autoridade do novo general-presidente sobre as decisões econômicas de curto e médio prazos seriam sensivelmente diminuídas; e *iii*) haveria, conforme o grande empresariado demandava, mais "diálogo" com o Estado militar, isto é, maior participação da classe na formação da agenda do governo e receptividade dos gestores da economia a pressões de grupos privados para atender reivindicações setoriais.

Desses textos redigidos por Mario Henrique Simonsen, os dois primeiros, em especial, tocavam naquilo que os *state managers* consideravam o ponto essencial: como equacionar as disputas intragovernamentais pelo poder de deliberar sobre as questões chave da

---

133 Citado em Elio Gaspari, *A ditadura derrotada*, *op. cit.*, p. 444, nota 37.

134 Cf. *Diretrizes gerais de política econômica (SEPLAN e MINIFAZ)*. *In:* APGCS/HF, p. 1. Redigidas em janeiro ou fevereiro de 1979, dessas diretrizes constam doze pontos, em forma de tópicos, que reúnem os objetivos da estratégia macroeconômica do governo Figueiredo.

economia nacional uma vez que o organograma imaginado em 1973 e implementado de 1974 em diante havia potencializado os conflitos? Uma vez diminuído novamente o poder do presidente-militar em 1979 e deslocada a centralidade da Presidência, qual seria a pasta ministerial mais importante no circuito das decisões do Estado? O Planejamento, criado pelo governo anterior como uma secretaria próxima da Presidência e do seu ocupante, ou o habitual Ministério da Fazenda? Ou algum outro aparelho?

Tanto a reunião de recursos orçamentários na Seplan quanto o acesso diário de seu titular – Reis Velloso – ao presidente da República durante a administração Geisel[135] deixaram claro que parte da agenda e da capacidade decisória havia migrado da antiga e todo-poderosa pasta da Fazenda para o Planejamento, e as disputas, públicas ou veladas, entre as prioridades sustentadas por Mario Henrique Simonsen e Reis Velloso impediam uma orientação uniforme. Permanecendo a política econômica com três sedes, Fazenda, Planejamento e somando aí o CDE, ela operava quase sempre entre duas alternativas conflitantes: controle da inflação e do balanço de pagamentos, sob a responsabilidade efetiva do MiniFAZ, e crescimento econômico e investimento na infraestrutura, como atribuição da Seplan. A demarcação clara de papéis entre os aparelhos que o *documento Simonsen* reivindicava, além da necessidade do "mais perfeito entrosamento entre os titulares das duas pastas"[136], restabeleceria a harmonia perdida quando se criou o CDE em 1974, uma superagência que inflacionou o poder e a influência política do secretário do Planejamento sob a proteção da presidência da República e do próprio presidente sobre o sistema estatal.

---

[135] Cf. Adriano Codato, *Sistema estatal e política econômica no Brasil pós-64, op. cit.*

[136] *Ministério da Fazenda*, APGCS/HF, p. 7. Na expressão eufemística do documento, "é indispensável uma ligação fraternal entre os titulares da Fazenda e da Seplan, quer em termos de objetivos e concepções, quer em termos de relacionamento pessoal", em *Secretaria de Planejamento (Seplan)*, APGCS/HF, p. 2.

Em termos específicos, havia quatro objetivos no documento Simonsen: *i*) redefinir de uma vez por todas (ou mais uma vez) as atribuições da Seplan e da Fazenda; *ii*) coordenar suas ações respectivas; *iii*) restaurar o poder da Secretaria do Planejamento através do controle de um CMN reforçado novamente e do seu poder sobre o orçamento restaurado; e, por fim, *iv*) "reduzir os poderes discricionários do Ministro da Fazenda"[137].

O diagnóstico que estava na base dessas intenções era o seguinte: "Sob o ponto de vista da unidade e coerência de comando, o sistema atual é provavelmente pior do que aquele que funcionou até março de 1964" durante os governos dos populistas. Mais exatamente: "A divisão das responsabilidades da condução da política econômica geral entre dois ministérios, a Seplan e o Ministério da Fazenda, é uma peculiaridade da estrutura administrativa brasileira que não encontra paralelo na maioria dos países dignos de imitação"[138]. Isso porque, entre outras razões, a transformação do MPCG em Secretaria do Planejamento da Presidência da República não implicou em mudanças na estrutura, na organização interna e nas atribuições do antigo ministério. Ao contrário do que Reis Velloso previra em 1973, "a Seplan passou a misturar as funções de 'Estado-Maior' com as de ministério executivo, dividindo a direção da economia nacional com" a "Fazenda por contornos nebulosos", implicando em "frequentes conflitos" entre seus dois titulares[139]. Esses conflitos foram se aprofundando ao longo do governo Geisel, porque se assumiu implicitamente que a Secretaria do Planejamento seria responsável pelos grandes programas de investimento público e por garantir o crescimento econômico. Já o ministro da Fazenda deveria concentrar suas decisões no combate à inflação e no ajuste do balanço de pagamentos, então deficitário em função da crise do petróleo aberta em 1973. Conclusão: "O resultado é o descompasso entre a autoridade monetária e a fiscal"[140].

---

137 Ministério da Fazenda, APGCS/HF, p. 8.

138 Secretaria de Planejamento (Seplan), APGCS/HF, p. 1.

139 *Ibidem*, p. 1.

140 Ministério da Fazenda, APGCS/HF, p. 7.

Reunindo essas e outras tantas atribuições em período de crise econômica, o Ministério da Fazenda, que deveria ser o executor da política econômica de Estado, tornou-se na prática seu formulador e coordenador. Também isso acabou por gerar conflitos entre a Fazenda e as demais pastas setoriais como Interior, Agricultura, Transportes etc. Enfim, "No sistema atual", concebido e gerido por Reis Velloso, "não diminuíram os poderes do Ministro da Fazenda, mas a Seplan tratou de aumentar os seus"[141]. Além disso, na avaliação de Simonsen, "o Ministro da Fazenda" passou a possuir durante a gestão de Geisel um "enorme poder discricionário" diante do empresariado[142].

Esses papéis, com base nesse diagnóstico severo sobre as disfuncionalidades do Estado ditatorial, fazem então uma série de recomendações para ajustar o sistema decisório de política econômica. Esse ponto específico levanta a questão da diferença entre o *poder formal* e o *poder real* detido pelas agências do Estado e por seus ocupantes. A manutenção dos dois aparelhos político-burocráticos, Planejamento e Fazenda, só seria aceitável caso se decidisse exatamente quais seriam efetivamente as competências de cada um. No caso, a Seplan deveria honrar o nome e "planejar", ou melhor, definir prioridades, deixando à Fazenda a execução das decisões macroeconômicas. Uma vez fixada essa divisão do trabalho administrativo, os objetivos da política econômica deveriam ser congruentes e uniformes. Um dos modos de se conseguir isso seria não por expedientes formais, burocráticos, mas graças, surpreendentemente, à "ligação fraternal" que deveria existir "entre os titulares da Fazenda e da Seplan"[143]. Seria, portanto, desse entrosamento pessoal e do compartilhamento das mesmas concepções econômicas entre os ministros que sairiam os mesmos objetivos.

Isto posto, seria necessário que o presidente tomasse algumas medidas específicas a fim de redimensionar o poder da nova Secretaria

[141] Secretaria de Planejamento (Seplan), APGCS/HF, p. 1.

[142] Ministério da Fazenda, APGCS/HF, p. 7.

[143] Secretaria de Planejamento (Seplan), APGCS/HF, p. 2.

do Planejamento. Do ponto de vista político, seu ministro-chefe não deveria falar aos jornalistas, participar de reuniões com empresários, dispor de assessoria de imprensa, enfim, ter, segundo o *documento Simonsen*, uma atuação pública. Essa despolitização do órgão combinaria com uma reformulação de sua composição e escopo. A Seplan teria sua estrutura diminuída, seu quadro recomposto com técnicos "de alto nível" e atuaria voltada para dentro do governo e não "para fora", isto é, segundo as expectativas do mercado. Do ponto de vista orçamentário, o ministro do Planejamento continuaria elaborando a peça orçamentária, mas não teria mais o poder de execução financeira. Os recursos seriam, já na proposta de orçamento, alocados para cada ministério. Também, a Seplan fixaria os totais máximos de gastos dos ministérios e das empresas estatais, mas não os projetos prioritários de cada órgão de governo[144].

Para Simonsen, a maneira de conseguir redesenhar o organograma do Estado ditatorial – e, com isso, redefinir o poder dos aparelhos de cúpula responsáveis pela economia – passava não por recomendações genéricas, baseadas em preferências orientadas para "a eficiência da máquina", mas por decisões específicas. O Banco Nacional de Desenvolvimento Econômico deveria sair da órbita do Planejamento, onde fora colocado em 1974, e passar para o Ministério da Indústria e Comércio, mas o titular da Seplan deveria assumir o comando de um aparelho estratégico conforme o antigo figurino do governo Médici: o Conselho Monetário Nacional. E o CMN deveria ter todo o seu poder de agenda restaurado. As funções que foram amputadas pela reforma de Reis Velloso e os aparelhos que ele superintendia seriam recuperados. O novo CMN absorveria as atribuições do Conselho Nacional de Abastecimento (a fim de monitorar melhor a política anti-inflacionária), da Coordenação Nacional de Crédito Rural e de outros tantos conselhos setoriais (de preços (CIP), de comércio exterior (CACEX) etc.). Os Ministros da Agricultura e do Interior voltariam a ter assento no plenário do CMN e, com isso, as decisões dessas

[144] *Ibidem*, pp. 2-4.

pastas seriam monitoradas pelo ministro-chefe do Planejamento, que seria, no caso, o próprio Simonsen. O aspecto fundamental dessa manobra e sua consequência prática era basicamente o seguinte: controlar esse novo Conselho Monetário permitiria à Secretaria do Planejamento comandar, além de tudo, dois orçamentos que corriam paralelos, o fiscal e o monetário[145]. Uma vez à frente da Seplan e do CMN, Simonsen assumiria o papel delegado por Figueiredo de superministro sem precisar reportar-se, como Reis Velloso, ao general que era também o presidente da República. O sistema decisório seria novamente "desmilitarizado".

Na prática, depois de todas essas recomendações, como ficou o desenho do sistema estatal? Simonsen permaneceu como ministro-chefe da Secretaria do Planejamento do Brasil apenas entre março e agosto de 1979, quando se demitiu. Foi substituído por Delfim Netto. Naqueles cinco meses, ele emplacou todas as propostas avançadas nos papéis citados.

Conclusões

Tanto a economia política do regime ditatorial-militar (*i.e.*, suas concepções), quanto a política econômica (*i.e.*, seus resultados práticos) foram já bastante estudadas. Além daqueles trabalhos que se dedicaram a analisar o conteúdo das medidas tomadas pelos *decision makers*, há na literatura seis *famílias de estudos* que se ocuparam de temas diferentes, ainda que interligados: *i*) avaliações dos processos decisórios, objetivos, desempenho e modos de administração dos planos de desenvolvimento; *ii*) narrativas históricas sobre a relação entre as macrodecisões dos governos militares e o comportamento global da economia brasileira; *iii*) estudos de caso sobre medidas setoriais de política econômica; *iv*) diagnósticos sobre as estruturas formais e informais de representação de interesses empresariais junto aos

---

[145] *Ibidem*, p. 3.

aparelhos de governo; *v*) mapeamento dos órgãos públicos conectados à regulação da economia; e, por fim, *vi*) as várias monografias sobre o perfil, a função e as transformações institucionais das agências de política econômica.

O que faltaria, entretanto, é uma história político-administrativa dos cinco governos militares centrada nas motivações dos decisores, nas suas racionalizações, nos seus projetos de poder próprios e nos seus combates dentro do circuito restrito da burocracia econômica em nome do aumento das respectivas áreas de influência e capacidades de decidir. A exposição neste capítulo dessas evidências e o comentário desses documentos é uma colaboração nesse sentido. O estudo da materialidade institucional do Estado não pode prescindir da investigação dos decisores públicos (a origem e o perfil social, a carreira burocrática e os valores ideológicos dessa elite estatal), muito menos sobre os círculos dirigentes com capacidade para desenhar as instituições de governo.

Os documentos de circulação restrita e secreta entre os presidentes Geisel e Figueiredo e seus colaboradores evidenciaram a luta por desenhos distintos – e, no limite, opostos – para ordenar e hierarquizar o sistema de decisões econômicas. Seu maior interesse, dado que não se trata aqui de simples rivalidade pessoal entre duas figuras públicas influentes, é que eles podem, a partir das avaliações e críticas às soluções adotadas pelas administrações anteriores, autorizar o analista a reconstruir a morfologia do sistema estatal diferentemente daquela que aparece nos organogramas oficiais. Essa é uma condição prévia para se estudar a fisiologia desse sistema estatal, muitas vezes só apreensível a partir dos resultados práticos das políticas públicas e não por seus processos deliberativos e conflitos internos. Afinal, tratava-se de uma ditadura onde pouco era conhecido.

Isso posto, pode-se então refazer a história das disputas entre o primeiro escalão do Executivo federal durante o regime ditatorial para colocar algumas questões nem um pouco triviais: quem comanda politicamente e quem administra burocraticamente? Civis ou militares? Com que grau de autonomia dos primeiros em relação aos últimos? De onde vem os seus respectivos poderes? Como o Estado autoritário se arma, administrativamente, para processar as demandas da sociedade sobre o governo? Essa é uma agenda de pesquisas apenas aberta, mas muito promissora.

5.

A POLÍTICA ECONÔMICA E O PAPEL DAS FORÇAS ARMADAS

Estudos do regime ditatorial-militar no Brasil têm contornado uma questão fundamental para uma caracterização mais precisa do funcionamento desse sistema político. Ela diz respeito à relação entre militares e civis e as respectivas influências desses dois tipos de agentes no arranjo institucional e no processo decisório do Estado autoritário. Que tipo de divisão do trabalho se estabeleceu entre oficiais militares e tecnocratas civis no âmbito da administração pública no Brasil no pós-1964?

Um problema importante presente no contexto ditatorial nacional é o da devolução de poderes dos chefes militares aos quadros civis. Três questões resumem esse tema: *i*) qual foi o grau de autonomia decisória da alta burocracia econômica diante da tutela militar sobre o *sistema político*?; *ii*) qual a natureza e a eficácia do controle que as Forças Armadas impuseram ao conjunto do *sistema estatal*?; e *iii*) como tudo isso se relacionava com a capacidade de influência das elites econômicas, sociais e políticas sobre o *sistema decisório*?

Este capítulo é uma tentativa de oferecer respostas para o melhor entendimento dessas questões. Como não é viável expor e explicar aqui as múltiplas relações entre todas as partes que compunham a cúpula político-administrativa do Estado, concentrarei a atenção no arranjo entre civis e militares no que se refere à deliberação sobre a política econômica. A pergunta-chave, portanto, deve ser: quão militarizado foi o processo decisório de política econômica? O ensaio conclui que o papel das Forças Armadas era mais tutelar em relação ao processo decisório na área econômica e sua importância muito mais relativa que a sua presença ostensiva no primeiro plano da cena política poderia sugerir.

Por "militarização" deve-se entender três fenômenos distintos. Eles podem ocorrer simultaneamente ou não e seus graus de importância são crescentes. Por sua vez, a presença das três dimensões do fenômeno expressaria o alto grau de militarização do sistema político.

Em primeiro lugar, militarização significa a participação direta ou a ocupação de cargos na administração pública por militares em postos tradicionalmente reservados a civis. Essa abordagem é meramente quantitativa, mas é importante como instrumento de medida objetiva.

Em seguida, militarização designa a influência das doutrinas militares nas decisões dos governos. O exemplo recorrente é o suposto impacto que as orientações da Doutrina de Segurança Nacional, tida por parte da literatura como a "ideologia dominante" do regime, teriam exercido na formulação dos projetos nacionais no período ditatorial.

Por fim, militarização indica um processo bem mais amplo: a transferência de normas e valores das Forças Armadas não apenas ao sistema decisório do Estado, mas ao sistema estatal como um todo. Nesse caso, a avaliação dos efeitos que o *ethos* militar teve sobre o *ethos* burocrático somente se consegue através de um estudo qualitativo dos comportamentos caso a caso da administração civil[146].

Neste ensaio, discuto, com os dados disponíveis, apenas as duas primeiras dimensões do fenômeno da militarização do Estado ditatorial.

---

[146] Para essa separação dos fenômenos, ver Suzeley Kalil Mathias, *A militarização da burocracia*. A participação militar na administração federal das Comunicações e da Educação, 1963-1990. São Paulo: Editora UNESP/Fapesp, 2004, pp. 25-26.

A divisão do trabalho no Estado ditatorial

O *sistema político* brasileiro no pós-64 foi dominado pelas cúpulas das Forças Armadas, mas o sistema decisório não se tornou, necessária e automaticamente, militarizado. Isso não diminui o caráter militar do regime, mas torna o funcionamento do Estado ditatorial bastante mais complexo e distante, portanto, da imagem estereotipada representada reiteradamente no 'general-do-Exército-Presidente-da-República'.

É preciso reconhecer as prerrogativas das Forças Armadas brasileiras sobre o sistema político no pós-1964 e o seu controle estrito sobre o processo político de fins de 1965, quando o sistema de partidos populistas é extinto e as eleições presidenciais canceladas, até a transição democrática[147]. Além disso, difícil imaginar a concentração de um leque tão amplo de funções no Executivo federal em outro contexto político e institucional. O regime ditatorial e os princípios de organização e exercício do poder que ele implica exerceram um impacto decisivo quer sobre a distribuição de forças entre o Estado e a sociedade, quer no interior do próprio Estado entre seus diferentes aparelhos. O declínio do poder do Legislativo e a militarização das cúpulas do Executivo federal é a face mais saliente desse processo. Contudo, o controle dos principais recursos políticos, ideológicos e organizacionais do sistema político não fez do estabelecimento militar, *ipso facto*, a instituição chave do sistema decisório.

Em nome da precisão, convém expor as noções de "sistema político", "sistema estatal" e "sistema decisório". Por *sistema político* quero designar o meio ambiente institucional cujas regras regulam a distribuição dos recursos políticos entre os atores relevantes e determinam uma dada fórmula de competição pelo poder político. Entendo por *sistema estatal* o conjunto de instituições públicas e suas ramificações

---

[147] Conforme demonstrou Alfred Stepan em "As prerrogativas militares nos regimes pós-autoritários: Brasil, Argentina, Uruguai e Espanha". *In*: Alfred Stepan (org.). *Democratizando o Brasil*. Rio de Janeiro: Paz e Terra, 1988, pp. 521-562. O capítulo 9 deste livro retoma e aprofunda essa discussão.

tanto funcionais, setoriais e espaciais encarregadas da administração quotidiana dos assuntos de governo. Por *sistema decisório* quero denominar o circuito de aparelhos estatais que detêm poder efetivo sobre uma área ou um tema de política (tal como a economia, por exemplo). No sistema decisório há centros de poder diferentes e com capacidades diferentes. Um centro de poder real (por oposição a centros formais de poder), ou mais simplificadamente, um centro decisório é o *locus* institucional para o qual as demandas são prioritariamente dirigidas e onde as decisões fundamentais são efetivamente tomadas, não se subordinando hierarquicamente, nesse particular, a nenhuma outra agência burocrática no conjunto do sistema estatal.

Embora os militares tivessem ocupado posições relevantes no interior do aparelho do Estado em pastas ministeriais importantes (Interior, Comunicações, Educação), na direção de empresas estatais estratégicas (Petrobrás) e em postos destacados no governo federal, a relação entre o aparelho militar e o poder Executivo foi sempre fonte de uma série de conflitos e tensões.

Cardoso observou que no autoritarismo brasileiro, as "Forças Armadas, como tal, não determina[vam] as políticas do Estado ou as implementa[vam]", como seria possível supor em uma ditadura tradicional. De acordo com ele, "os militares [tinham] poder de veto" somente no que poderíamos chamar de as "'grandes decisões' [...], mas não [estavam] necessariamente envolvidos na tomada de decisões com relação à economia ou outras questões importantes"[148]. O depoimento de Mário Henrique Simonsen a Lourenço Dantas Mota, reconhecendo que as interferências diretas de militares na gestão da política econômica não incluíam o "varejo da administração"

---

148 Fernando Henrique Cardoso, "Da caracterização dos regimes autoritários na América Latina". *In*: David Collier (org.), *O novo autoritarismo na América Latina*. Rio de Janeiro: Paz e Terra, 1982, p. 48. De acordo com Faucher, era através do Conselho de Segurança Nacional e do Estado Maior das Forças Armadas que o poder de veto dos militares era exercido. V. Philippe Faucher, *Le Brésil des militaries*: l'Etat et la structure du pouvoir dans un régime autoritaire. Montreal: Les Presses de l'Université de Montréal, 1981.

quotidiana, somente o "atacado do grande poder", confirma esse padrão[149].

Os militares, principalmente através da chefia do Serviço Nacional de Informações e da Secretaria-Geral do Conselho de Segurança Nacional, cargos exclusivamente preenchidos por oficiais, ocupavam-se de questões políticas, mas "não da tomada de decisões ordinárias ou das políticas públicas do regime", como a política industrial, exceto quando consideravam que determinadas soluções poderiam estar "em conflito com a doutrina de segurança nacional"[150]. Martins informa ainda que "De acordo com um general de quatro estrelas, que foi membro do Alto Comando do Exército por mais de quatro anos na metade dos anos 70, o Alto Comando jamais discutiu a política econômica ou qualquer outra política pública importante – nem mesmo a política nuclear"[151]. Essa exclusão sistemática fez o general Albuquerque Lima, já em 1968, no auge do processo de militarização do Estado, bater-se em nome de um "Conselho de Desenvolvimento Nacional" que, segundo ele, "'permitiria aos membros das Forças Armadas desempenhar um papel maior na elaboração da política de desenvolvimento, contrapondo-se ao atual sistema, dominado por técnicos civis'"[152].

O processo de formulação da política econômica do Estado militar sempre foi uma tarefa assumida pelos ministros e técnicos civis e envolvia uma articulação na maioria das vezes estreita com a comunidade empresarial.

---

149 Cf. Lourenço Dantas Mota. *Quem manda no Brasil*. São Paulo: Ática, 1987, p. 38. Simonsen foi Ministro da Fazenda durante todo o governo de Geisel e Ministro do Planejamento nos primeiros seis meses no governo de Figueiredo.

150 Luciano Martins, "A 'liberalização' do regime autoritário no Brasil". *In*: Guillermo O'Donnell, Philippe Schmitter & Laurence Whitehead (orgs.). *Transições do regime autoritário*: América Latina. São Paulo: Vértice/Revista dos Tribunais, 1988, p. 120.

151 *Id., ibid.*, n. 9, pp. 334-335.

152 Peter Flynn, "Class, Clientelism, and Coercion: Some Mechanisms of Internal Dependency and Control". *Journal of Commonwealth and Comparative Politics*, v. 12, n. 2, pp. 133-156, July 1974 *apud* Ben Schneider, *Burocracia pública e política industrial no Brasil*, *op. cit*, p. 94.

Os empresários garantiam a sua presença no sistema decisório através da representação direta nos principais conselhos de política econômica e de um mecanismo não institucional chamado "anéis burocráticos". Anéis burocráticos eram estruturas informais de representação de interesses que reuniam representantes da grande empresa privada e setores importantes da burocracia do Estado (empresas estatais, ministérios, divisões e departamentos, conselhos e comissões governamentais e mesmo parcelas do aparelho militar, dependendo do caso) numa aliança transitória em torno de uma *policie* específica. Eles permitiam, através de um intenso processo de barganha e negociação, a presença ou a influência da elite econômica nos círculos decisórios[153]. Assim, ainda que a corporação militar tivesse controlado as posições superiores do Estado (a Presidência da República e seus ramos correlatos, por exemplo), ela nunca tomou para si núcleos centrais do sistema decisório como os Ministérios da Fazenda, do Planejamento ou da Indústria e Comércio[154].

Isso posto, em que dimensões se pode avaliar o tipo e estimar o grau de militarização do Estado?

A militarização como ocupação de cargos no governo

A base empírica que disponho é bastante limitada para dar conta das três dimensões da militarização. Por isso, concentro a atenção em primeiro lugar na militarização como ocupação de posições estratégicas no Estado ditatorial.

Os principais *loci* decisórios da ditadura foram os comitês e comissões interministeriais, tais como a Comissão Interministerial de Preços,

---

[153] Cf. Fernando Henrique Cardoso, *Autoritarismo e democratização*. Rio de Janeiro: Paz e Terra, 1975, pp. 182-184.

[154] Cf. René Armand Dreifuss e Otávio Soares Dulci, "As Forças Armadas e a política". *In*: Bernardo Sorj e Maria Hermínia Tavares de Almeida (orgs.), *Sociedade e política no Brasil pós-64*. São Paulo: Brasiliense, 1983, p. 101.

o Conselho Monetário Nacional, o Conselho de Desenvolvimento Econômico, o Conselho Nacional do Comércio Exterior etc. A ausência mais significativa nesses aparelhos é a dos militares. Apenas no Conselho de Desenvolvimento Industrial se garantia a participação formal do Ministro-Chefe do Estado-Maior das Forças Armadas, mas esse era um "órgão relativamente pequeno e pouco influente"[155], com funções mais corporativas do que de fato políticas. No Conselho de Desenvolvimento Econômico e no Conselho de Desenvolvimento Social, onde um militar comparecia, mas na qualidade de presidente da República e não representando sua instituição de origem, o processo decisório de política econômica era civil, embora representantes das Forças Armadas ou ministros militares pudessem ser convocados como observadores ou informantes para as reuniões deliberativas desses órgãos colegiados, o que raramente acontecia.

A própria burocracia econômica foi muito pouco militarizada. Schneider anota que, no intervalo entre 1964 e 1976, "os cálculos da proporção de oficiais militares nos ministérios civis variavam de 11% a 25%", dependendo da classificação dos aparelhos considerados[156]. Quando se olham os dados de perto, constata-se que nos níveis inferiores da administração pública, segundo Barros, a participação dos militares variou "fortemente entre os ministérios e setores, aproximando-se das proporções anteriores a 1964" que já não era alta. Para os "2.483 cargos civis nos primeiros quatro governos militares, a média de penetração militar" no Estado "foi de 10,6%, um pouco acima dos 6,9% no governo Goulart"[157]. Para cada governo militar as taxas de participação das Forças Armadas na administração pública

---

[155] Como assinalou Alfred Stepan, *Os militares: da abertura à nova república.* 2ª ed. Rio de Janeiro: Paz e Terra, 1986, p. 58.

[156] Ben Schneider, *Burocracia pública e política industrial no Brasil.* São Paulo: Sumaré, 1994, p. 91.

[157] *Apud* Ben Schneider, *Burocracia pública e política industrial no Brasil*, p. 91. O trabalho de Alexandre Barros citado é *The Brazilian Military: Professional Socialization, Political Performance and State Building*. Ph.D. Thesis, Department of Political Science, Chicago: University of Chicago, 1978, p. 221.

foram as seguintes: Castello Branco, 9,8%, Costa e Silva, 11,8%, Médici, 11,9% e Geisel, 8,6%[158].

O levantamento de Schneider a respeito do preenchimento dos altos cargos da burocracia econômica revelou a presença de ex-oficiais em apenas 15% das nomeações nos cinco governos militares (incluindo o governo Figueiredo). Esses dados contrastam fortemente, por exemplo, com os casos das ditaduras no Peru ou no Chile: "No Peru, [...] os oficiais se apropriaram de aproximadamente metade dos mais altos cargos nas empresas estatais. No Chile, os oficiais militares (predominantemente oficiais da ativa do Exército) ocuparam 52% dos 237 mais altos cargos executivos"[159]. Castello Branco "insulou os formuladores de políticas em relação à opinião majoritária das Forças Armadas e, em consequência, exerceu uma exclusão maior do que alguns governos civis anteriores"[160]. Mathias informa que, descontado o cargo do próprio ministro, o índice de militarização dos ministérios ficou assim: "a menor participação encontrada está no Ministério da Fazenda (3,2%) e a maior está nas Comunicações (68,7%), seguido pelo Ministério dos Transportes (50%)"[161]. A presença do médio e alto oficialato em cargos de chefia no segundo escalão das repartições públicas, nos governos estaduais ou nas empresas do Estado (principalmente na direção de companhias de eletricidade e siderúrgicas), e as vantagens materiais que se poderia auferir daí, confirma esse padrão[162]. Talvez a questão fosse mais de ordenados do que de poder.

---

[158] Barros, *ibid.*, *apud* Schneider, *op. cit.*, p. 91, n. 61.

[159] Ben Schneider, *Burocracia pública e política industrial no Brasil, op. cit.*, p. 92.

[160] *Id., ibid.*, p. 319. O autor refere-se à política econômica ortodoxa adotada pela Fazenda e Planejamento a partir de 1964 tendo à frente Robert Campos e Otávio Gouveia de Bulhões.

[161] Suzeley Kalil Mathias, *A militarização da burocracia, op. cit.*, p. 71.

[162] Sobre esse ponto, v. Eugênio Gudin, O empreguismo civil e militar (24 mar. 1975). *In*: *O pensamento de Eugênio Gudin*. Rio de Janeiro: Editora Fundação Getúlio Vargas, 1978, pp. 240 e 242.

De acordo com o estudo de Oliveira, a presença militar ocorreu principalmente nas áreas ligadas ao aparelho repressivo. Isso pode ser comprovado quando se olha, por exemplo, para a comunidade de espionagem ("informações"). Além disso, as "polícias militares estaduais [...] passaram a ser subordinadas" diretamente "ao Estado-Maior do Exército ao final do governo Castello Branco", o comando destas polícias passou a ser "ocupado por oficiais superiores do Exército" e "o exercício da função de secretário de Segurança dos estados" foi exercido por "oficiais militares"[163].

Ainda que esses números não possam dar uma ideia precisa do *poder político* das Forças Armadas, pois não permitem detectar as pressões exercidas informalmente sobre os decisores civis, os próprios "militares-administradores" sofreram um processo importante de *civilização*, e não o contrário[164].

É certo, porém que, no que tange à política de recrutamento da burocracia civil, o Serviço Nacional de Informações (SNI) – um aparelho inteiramente militarizado, mas que teve pouca ou nenhuma influência sobre a política econômica – exerceu um veto institucionalizado à indicação de qualquer funcionário para o setor público. Além de manter um departamento em cada ministério (as Divisões de Segurança Interna – DSIs), em cada divisão governamental e em cada empresa estratégica (as Assessorias de Segurança e Informações – ASIs), a fim de coordenar o fluxo de informações entre os diferentes aparelhos do Estado, "o chefe do SNI [foi], *de jure*, um ministro de Estado e, *de facto*, o membro do conselho político mais restrito, com possibilidade de acesso diário ao Presidente" da República[165].

---

[163] Eliézer Rizzo de Oliveira, *De Geisel a Collor*: forças armadas, transição e democracia. Campinas: Papirus, 1994, p. 34.

[164] Cf. Alexandre Barros, *The Brazilian Military*: Professional Socialization, Political Performance and State Building, *op. cit.*, p. 207, *apud* Ben Schneider, *Burocracia pública e política industrial no Brasil*, *op. cit*, p. 92.

[165] Alfred Stepan, *Os militares*: da abertura à nova república, *op. cit.*, p. 30. Considerando-se a escassez de outros canais tão diretos aos círculos decisórios mais altos, esse não é um detalhe irrelevante.

Do governo Geisel em diante, embora o Executivo não tivesse estabelecido um controle formalizado sobre suas atividades, nem desmontado num só golpe suas bases autônomas de poder, o SNI perdeu significativamente seu prestígio e influência.

Depois da criação em 1974 do Conselho de Desenvolvimento Econômico (CDE) todo o acompanhamento das atividades dos diferentes ministérios e departamentos tornou-se mais técnico e burocrático e os dados e informações que circulavam nessa esfera estrita de decisão, menos politizados, isto é, menos dependentes dos embates ideológicos ou corporativos típicos do aparelho militar. A presença do Ministro-Chefe do SNI nas sessões formais do CDE, por exemplo, nunca foi expressiva. Na realidade foi exceção durante o governo Geisel. Conforme as informações das minutas das atas do CDE, as presenças dos generais Figueiredo (SNI), Hugo Abreu (Gabinete Militar) ou Golbery do Couto e Silva (Gabinete Civil) como membros convidados a essas reuniões são inversamente proporcionais ao papel político que tinham no regime e, quando comparadas à assiduidade do Ministro das Minas e Energia (Shigeaki Ueki), chamam a atenção. Há pouquíssimos registros da passagem deles pelo Conselho[166].

Durante o governo de Figueiredo, o general Golbery foi incorporado ao plenário do CDE, assim como diversos outros ministros, civis e militares, durante um movimento mais amplo de abertura do aparelho do Estado e arejamento do sistema decisório para receber mais demandas do empresariado. Mas o processo decisório permaneceu fundamentalmente civil e o CDE perdeu sua centralidade no interior do sistema, anulando assim uma possível colonização pelos militares dos centros de poder real. Em relação a outros ministros militares importantes, as evidências de que se dispõe confirmam o mesmo padrão de exclusão.

---

[166] Os três ministros militares só compareceram ao mesmo tempo ao CDE em 20 dez. 1978 durante reunião para avaliação conjunta de todo o governo a respeito do II Plano Nacional de Desenvolvimento. Ver *Documentos CDE*, Ministério da Economia, Fazenda e Planejamento, Arquivo Central.

Esse tipo particular de divisão do trabalho fez com que, embora as atribuições militares no sistema político fossem bem expressivas, a operação quotidiana dos negócios do Estado – o processo decisório – ficasse reservada aos quadros civis do regime (os "tecnocratas").

A militarização como inspiração doutrinária

A coalizão político-militar que se apoderou do aparelho do Estado em abril de 1964 era heterogênea, já que era formada por políticos liberais, militares anticomunistas, economistas ortodoxos etc., e suas relações não eram reguladas por princípios político-ideológicos comuns e previamente determinados.

Nesse sentido, a importância da capacidade orientadora da Doutrina de Segurança Nacional sobre os decisores em particular, ou sobre o regime, em geral, foi bastante exagerada. Esse ideário forneceu tão somente uma referência simbólica muito genérica aos objetivos do Estado militar, definindo, em termos amplos, os valores básicos para a atuação de apenas uma parte dos setores do conjunto das Forças Armadas[167]. Isso porque o corpo administrativo do Estado ditatorial esteve sempre composto por *cliques* e facções burocráticas muito distintas, de origens diversas e que frequentemente rivalizavam entre si.

Um exemplo notável da falta de coerência ideológica das cúpulas do sistema estatal, em especial durante o governo Geisel, são as diferentes posições assumidas pelo Ministro da Indústria e do Comércio, Severo Gomes, pelo Ministro da Fazenda, Mário Henrique Simonsen, e pelo Secretário do Planejamento, João Paulo dos Reis Velloso, diante de uma série de questões de política econômica, tais como o volume

---

[167] A respeito da Doutrina de Segurança Nacional, v. Maria Helena Moreira Alves, *Estado e oposição no Brasil (1964/1984)*. Petrópolis: Vozes, 1984, Cap. 1. Elio Gaspari também minimiza a influência da DSN em seus livros sobre a ditadura.

de participação do capital estrangeiro na economia nacional, as prioridades da política de investimento estatal ou a questão do controle da inflação e do equilíbrio do balanço de pagamentos[168].

Essa constatação – a ausência de uma ideologia unificadora dos agentes estatais – não invalida um traço importante do autoritarismo militar brasileiro. As Forças Armadas pareceram estar unificadas (embora mais pesquisas precisem ser feitas sobre esse tópico de interesse) por uma aspiração que era o mínimo denominador comum dos seus vários partidos internos: o "Brasil potência" geopolítica e industrial. A função de supervisão do sistema estatal e da orientação global da política de Estado, exercida pelos círculos militares, variou em torno de certas prioridades de políticas. Segundo Schneider, os militares que se interessavam por política econômica eram "pró-industrialistas, pró-substituição das importações, pró-nacional", isto é, buscavam autossuficiência em alguns setores "e a favor das tecnologias de ponta"[169].

---

[168] Sobre esses pontos especificamente, cf.: Severo Gomes, *Tempo de mudar.* Porto Alegre: Globo, 1977; Mário Henrique Simonsen, *Brasil 2001.* Rio de Janeiro: APEC, 1969; e *idem*, "O modelo brasileiro de desenvolvimento". *In*: Mário Henrique Simonsen & Roberto de Oliveira Campos, *A nova economia brasileira.* Rio de Janeiro: Livraria José Olympio Editora, 1974, pp. 1-22; e João Paulo dos Reis Velloso, *O último trem para Paris* – de Getúlio a Sarney: "milagres", choques e crises do Brasil moderno. Rio de Janeiro: Nova Fronteira, 1986, pp. 151 e ss. O pensamento de Simonsen durante sua passagem pela Fazenda pode ser bem avaliado pela publicação de suas *Palestras e conferências.* Rio de Janeiro: Ministério da Fazenda, 1974/1978. Sobre o sentido dos conflitos internos da equipe ministerial, cf. Adriano Codato, *Sistema estatal e política econômica no Brasil pós-64.* São Paulo: Hucitec, 1997, em especial o cap. III.

[169] Ben Schneider, *Burocracia pública e política industrial no Brasil*, *op. cit.*, p. 88, grifos meus. Essas opções tornaram-se, nesse modelo de divisão do trabalho no interior do aparelho do Estado, o padrão de medida do desempenho dos tecnocratas.

Conclusões

Teoricamente, as Forças Armadas são o aparelho dominante nos regimes de ditadura militar (em oposição ao partido único no nazismo, por exemplo) porque elas controlam, seja diretamente, seja por procuração, seja pelos limites estritos que elas sempre podem impor ao seu funcionamento regular, os postos de comando essenciais do Estado e, no seu interior, os centros de poder real.

No caso do regime brasileiro, contudo, não houve, ao longo das diversas fases do seu desenvolvimento, uma coincidência absoluta entre o controle do poder formal – a Presidência da República – e o poder real. Se os militares estiveram sempre presentes fisicamente em posições destacadas do governo propriamente dito, esse fato não deve significar que as cúpulas das Forças Armadas o tivessem exercido em nome próprio. Esse processo de substituição de elites é bastante complexo e seu tratamento sistemático escapa dos limites deste ensaio.

Evidentemente, a Presidência da República sempre foi militar e exerceu um papel não desprezível em todas as grandes decisões políticas com base na "segurança nacional". Daí que tenha sido através dela e dos seus generais-presidentes que a militarização do Estado se tornou mais visível, mas não necessariamente profunda. O próprio peso específico da Presidência da República na cadeia decisória nunca foi uniforme, pois dependia das características do seu ocupante, da forma pela qual ele havia chegado lá (com maior ou menor conflito), do arranjo institucional em vigor e, consequentemente, da distribuição de força e influência entre os diferentes aparelhos no interior do sistema. A "personalidade autoritária" do presidente também conta aqui.

O edifício ditatorial soube garantir um afastamento relativo do conjunto das Forças Armadas dos processos internos de formulação estrita das políticas de Estado. A contrapartida desse fenômeno foi uma autonomização crescente da burocracia econômica, processo esse que foi descrito como a irresistível ascensão do "poder tecnocrático".

6.

O SENHOR FECHADO DA ABERTURA POLÍTICA[170]

Quando Armando Falcão publicou parte de suas lembranças sob o título *Tudo a declarar* (Nova Fronteira, 1989), numa autoparódia um tanto sem graça da famosa frase com a qual ficou conhecido por jornalistas e seus leitores à época da ditadura militar – quando encerrava qualquer entrevista antes de começá-la afirmando peremptório: "Nada a declarar" –, o colunista da *Folha de S. Paulo* Jânio de Freitas, na curta resenha-comentário que fez do livro, emendou: "também, nada a acreditar"... O livro do ex-Ministro da Justiça de Geisel e de Kubitschek parecia tão mal-emendado e as explicações que finalmente oferecia ao público tão pouco críveis que seu trabalho foi recebido mais como uma desculpa atrasada pelas polêmicas decisões de que participou ou protagonizou, num tom quase sempre autoindulgente, e às vezes professoral, do que como um testemunho da política nacional. Nada mais diferente, portanto, das memórias de Roberto Campos (*A lanterna na popa*, 1994) ou de Hugo Abreu (*O outro lado do poder*, 1979), ainda que as duas apresentem uma utilidade distinta para os pesquisadores do período.

---

[170] Resenha do livro de Armando Falcão, *Geisel*: do tenente ao presidente. Rio de Janeiro: Nova Fronteira, 1995, 283 páginas. Tomei o título do capítulo emprestado de uma matéria do *Jornal do Brasil* de 15 março 1979 que fazia um balanço dos anos Geisel.

Nos quinze capítulos que compõem o livro *Geisel: do tenente ao presidente* – uma biografia política de Ernesto Geisel publicada em dezembro de 1995 pela Editora Nova Fronteira, com os principais eventos dispostos em ordem cronológica, acrescida de uma curta entrevista com o ex-presidente ("Diálogo frontal", pp. 227-235), e de um texto do ministro da Fazenda Mário Henrique Simonsen composto especialmente para a ocasião a pedido do autor ("Geisel e a estatização", pp. 221-225) – quais são os acréscimos em relação ao estilo narrativo de Armando Falcão? Qual a imagem projetada do mais destacado general-presidente do regime ditatorial brasileiro? E mais importante: que informações (ou versões) efetivamente novas esse texto apresenta para a compreensão dos principais acontecimentos políticos do pós-64?

Quando a leitura supera as muitas e frequentes passagens abertamente *elogiosas* – "Geisel [...] muito cedo ainda ia confirmando, por onde passava, as qualidades com que nascera: inteligência fora dos padrões comuns; profundo apego aos livros; permanente sede de saber; espírito agudo e penetrante; modéstia exemplar; devoção ao dever; compenetração pessoal e amor à responsabilidade" (p. 50) –, *surpreendentes* – "Por índole, por tendência natural e por formação moral, seria sempre assim: o antipostulante por excelência, alguém que chegaria à suprema chefia de seu país sem jamais pedir nada para si mesmo, numa atitude de nobreza desinteressada, pura e exemplar" (pp. 47-48; v. também p. 161) – ou completamente *óbvias* – "O Colégio Elementar de Bento Gonçalves foi muito importante para Geisel, como ponto de partida da aquisição de conhecimentos gerais básicos, que seriam úteis ao jovem estudante durante todo o resto de sua vida" (p. 28) –, pode-se perceber que a estampa de um estadista, construída *após* sua passagem pela presidência da República, teve uma preparação longa e politicamente intensa.

O "soldado austero" e o tecnocrata militar revelou-se um político de vocação, ainda que nem sempre atuasse no primeiro plano da cena política. Geisel foi tenente em 1930, combateu os paulistas em 1932, ajudou a sufocar o levante comunista em 1935, participou do golpe de Estado militar que depôs Vargas em 1945, resistiu à posse de Juscelino em 1955, apoiou Jânio Quadros para presidente em 1960, opôs-se à investidura de Goulart quando esse último renunciou, mas também articulou a saída parlamentarista junto às Forças Armadas na crise de agosto-setembro de 1961, e, por fim, foi um conspirador e revolucionário destacado em 1964. Descontado o período dos governos militares, onde sua influência foi evidente, soube-se que Geisel também "participou de todas as articulações que levaram Tancredo Neves ao poder" em 1985[171].

A biografia política de Ernesto Geisel

Oriundo das camadas médias (seu pai, imigrante alemão, fora pequeno agricultor, professor e, mais tarde, escrivão de um cartório e juiz de paz em Estrela e Bento Gonçalves, onde Ernesto nasceu em 1907), de formação luterana, seguiu, juntamente com seus dois irmãos mais velhos, Henrique e Orlando, a carreira militar, tendo feito o ginásio no Colégio Militar de Porto Alegre entre 1921 e 1924, mesma escola frequentada por Castello Branco, Costa e Silva e Garrastazu Médici. Matriculou-se depois na Escola Militar do Realengo no Rio de Janeiro. No início de 1928, Geisel, aspirante-a-oficial, juntou-se ao 1° Regimento de Artilharia Montada na Vila Militar do Rio de Janeiro, dividindo então uma casa alugada com seu colega de Escola Militar, Agildo Barata (p. 48). Em abril de 1929 foi transferido para o 4° Grupo de Artilharia a Cavalo, em Santo Ângelo, no Rio Grande do Sul, e em agosto de 1930 promovido a primeiro-tenente. Assim, durante a movimentada década de vinte, o cadete Ernesto Geisel experimentou intensamente aquele ambiente político radicalizado das escolas militares e, conforme Falcão, junto com seus irmãos "integrou-se no grupo de jovens idealistas que tinham por meta reformar o

---

171 Conforme declaração do ex-presidente José Sarney à *Folha de S. Paulo*, 13 setembro 1996, pp. 1-4.

Brasil" (p. 53). Empolgou-se com a Coluna Prestes e com o movimento tenentista (p. 164), conspirou com Juracy Magalhães, Jurandir Mamede e com o próprio Agildo Barata contra "os velhos vícios que maculavam a política e a administração" (Geisel *apud* Falcão, 1995, p. 228), conhecendo, através do primeiro, Juarez Távora, que, segundo o autor, firmou no espírito do jovem tenente "sua consciência revolucionária" (p. 54).

Tendo participado ativamente das movimentações militares de outubro-novembro de 1930, recebeu "dos companheiros de horas decisivas" (p. 61), Juracy Magalhães e Juarez Távora, a missão de comandar uma unidade de artilharia em João Pessoa. Logo depois, Juarez interveio para que Geisel assumisse os cargos de diretor-geral do Departamento de Segurança Pública e, interinamente, o de secretário-geral do estado do Rio Grande do Norte em 1931. Indispondo-se com o Interventor Federal, ficou nas funções durante apenas três meses.

De volta à Paraíba, em dezembro assumiu o posto de membro do Conselho Consultivo do estado (sendo mais tarde seu presidente a partir de 1932) até o início de 1935, cargo que acumulou com o de Secretário da Fazenda, Produção e Obras Públicas numa nomeação que valeu ao Interventor a hostilidade das lideranças políticas locais capitaneadas por José Américo de Almeida, Ministro da Viação e Obras Públicas de Getúlio. Reintegrado à vida militar, Geisel voltou ao Rio em 1935 sendo promovido em setembro a capitão e a major em maio de 1943 após concluir o curso da Escola de Estado-Maior do Exército. As informações sobre suas atividades durante o Estado Novo (1937-1945) são bastante escassas. Só ficamos sabendo que em 1938 "o Ministro da Guerra [gal. Eurico Gaspar Dutra] designou-o para servir na Escola Militar do Realengo como comandante da Bateria de Artilharia, acumulando depois a função com a de Instrutor de Artilharia" (p. 96).

Embora Armando Falcão não registre, temos notícia de que em 1944 o major Geisel frequentou o *Army Command and General Staff College* em Fort Leavenworth, Kansas, EUA, tendo "o tipo de experiência americana padrão dos castelistas"[172]. Em dezembro de 1945 foi nomeado adjunto da Secretaria-Geral do Conselho de Segurança Nacional do governo conservador de Dutra e em 1947 adido militar do Brasil no Uruguai. Aqui também nenhuma palavra de Falcão sobre a passagem de Geisel pela Escola Superior de Guerra, outro *think tank* castelista.

Entre 1955 e 1956, já promovido a coronel, foi superintendente da Refinaria Presidente Bernardes da Petrobrás em Cubatão. Em 1957-1958, membro do Conselho Nacional do Petróleo. Em março de 1961, lotado no Gabinete do Ministro da Guerra, foi promovido a general de brigada e logo depois assumiu o Comando Militar de Brasília, vivendo de perto a crise da renúncia de Jânio (segundo Falcão, foi Geisel quem comunicou aos ministros militares a decisão do presidente de demitir-se (p. 118)). Essa passagem exige um pouco mais detalhe. Quando assumiu interinamente a Presidência, Ranieri Mazzili nomeou Geisel para a chefia do Gabinete Militar da Presidência da República e para a Secretaria-Geral do Conselho de Segurança Nacional, cargos que acumulou com o Comando Militar do Planalto e da 11ª Região Militar. O general Geisel encontrava-se, em plena crise de Estado, em pontos estratégicos que ampliaram bastante sua influência sobre os desdobramentos da conjuntura política.

Tudo somado, vê-se que "Geisel, em que pesem as aparências em contrário [mas quais?], era um homem político. Gosta[va] de política. Joga[va] com prazer o jogo político, absorvia-se sem medir o tempo em assuntos políticos" (p. 185).

É impossível não reconhecer essa evidência. Embora o ministro tenha se demorado mais de cento e oitenta páginas para aceitar a conclusão, comemorando, ao invés, o comportamento "retraído e discreto" (p. 161) do general e enfatizando a vocação do militar profissional contra a do "político militante" (p. 120), o quarto presidente do regime ditatorial quando assumiu tinha atrás de si uma impressionante carreira fora da caserna. Mas daí a sustentar, como faz o autor, que

---

[172] Thomas Skidmore, *Brasil*: de Castello a Tancredo – 1964/1985. Rio de Janeiro: Paz e Terra, 1988, p. 316.

"ser um dia Presidente da República estivesse no destino manifesto de Ernesto Geisel" (p. 161) é reverência exagerada e exercício inútil de adivinhação do passado.

A acreditar em Falcão, Geisel teria sido "um dos principais conselheiros de Castello, senão o principal" (p. 141), tendo exercido esta função na qualidade de Chefe do Gabinete Militar da Presidência da República. Por isso, na sucessão de Castello Branco, Geisel – então promovido a general de Divisão e a general de Exército – ficou relativamente marginalizado dos círculos decisórios palacianos, tendo exercido então pouca influência sobre os presidentes Costa e Silva e Médici. Este período coincidiu com sua passagem pelo Superior Tribunal Militar de 1967 a 1969, onde teve uma atuação severa, principalmente no exame dos processos dos militantes estudantis, e pela presidência da Petrobrás (de 1969 a 1973).

Como a "Revolução de 1964" livrou o Brasil, na opinião de Armando Falcão, da "ponte fácil entre a demagogia e o poder" que o voto direto para a presidência da República trazia consigo, foi possível fazer de Geisel candidato (seu nome já fora "cogitado" no impedimento de Costa e Silva) à sucessão de Médici[173] e elegê-lo através do Colégio Eleitoral em janeiro de 1974. No entanto, supor que a candidatura de Geisel tivesse nascido "pouco a pouco, sem ninguém forçar nada, lenta e naturalmente" (p. 165) e que, no interior de um governo de maioria anticastellista, o nome de um oficial ligado intimamente ao primeiro general-presidente houvesse germinado "por geração espontânea, fluindo e prosperando tranquilamente do centro de decisão revolucionária" sem quaisquer "manobras pré-concebidas

[173] Na verdade, conforme reporta Martins Filho, o resultado da consulta eleitoral junto à alta cúpula do Exército na crise sucessória de 1969 consagrou a vitória de Médici em dez das onze "seções eleitorais" nas quais foram divididas as Forças Armadas. No Departamento Geral de Pessoal, única exceção, Ernesto Geisel encabeçou a lista. Ver João Roberto Martins Filho, *O palácio e a caserna*: a dinâmica militar das crises políticas na ditadura (1964-1969). São Carlos: EDUFSCar. 1995, p. 187. Para um resumo e uma discussão detalhada deste livro, ver o capítulo 3, "A natureza militar da ditadura brasileira".

ou esquemas de grupos e facções, [...] sem provocar impugnações, restrições ou protestos de espécie alguma" é exigir demais da crença do leitor[174].

Geisel e a administração do Estado ditatorial

Mesmo quem não é especialista em questões militares notará a contradição entre essa versão sobre a substituição de uma *clique* por outra no poder do Estado e as pressões políticas sofridas pelo novo presidente logo imediatamente na formação do seu ministério. Na entrevista incluída no mesmo livro de Falcão, Geisel reporta seus desentendimentos com seu irmão Orlando em torno da posição – afinal frustrada – que um grupo de dezoito generais da ativa teria assumido em favor da permanência desse último à frente do Ministério do Exército (p. 235)[175].

Justamente, uma das poucas passagens do livro que apresenta alguma importância é a que relata a fase de preparativos para a organização da gestão de Geisel como presidente. Falcão incluiu uma lista ordenada cronologicamente, elaborada pelo Secretário Particular de

---

[174] Em tom descarado, Armando Falcão pede que se "anote um fato de suma significação: a sucessão de Médici por Geisel, ao contrário do que está inserto no contexto da tradição republicana, se operava com tranquilidade geral plena, em paz e em ordem, sem a mais leve perturbação em setor algum da vida brasileira" (p. 167). Mas como poderia ser diferente em plena vigência do AI-5?... Discuto o processo político que terminou na edição do Ato Institucional n. 5 em dezembro de 1968 no capítulo 2, "O golpe de 1964 e o regime de 1968".

[175] É importante ressaltar que "os governos militares no Brasil sempre foram de *composição*: nenhum grupo governou absoluto, mas sempre com representação dos demais grupos. Não houve alternância dos grupos no poder: houve alternância dos grupos dominantes". Durante o governo de Geisel, "não se tratou de uma substituição de um governo de 'duros' por outro de 'moderados' [...], mas da substituição de um governo com *predominância* dos 'duros' por outro com *predominância* dos 'moderados'". Maria Celina D'Araújo, Gláucio Ary Dillon Soares e Celso Castro, *A volta aos quartéis*: a memória militar sobre a abertura. Rio de Janeiro: Relume-Dumará, 1995, pp. 31-32.

Geisel, Heitor Ferreira de Aquino, dos convites feitos aos ministros para compor o novo governo. É no mínimo curioso saber que, antes mesmo de referendado pelo Colégio Eleitoral, Geisel escolheu o Gal. João Batista Figueiredo para chefiar o SNI, além de indicar já em dezembro de 1973 o presidente da Petrobrás, e que o Ministro da Fazenda, Simonsen, foi convidado antes mesmo de todos os outros ministros militares.

Outro ponto digno de nota é o capítulo "Geisel, organização e método", onde o autor reproduz informações sobre a rotina da Presidência da República, organizadas pelo tenente-coronel Fernando Serpa, primeiro ajudante de ordens. Os quadros de atividades abrangem desde o número de despachos do general-presidente com cada ministro, até a frequência de reuniões dos conselhos de governo ao longo dos cinco anos do mandato; do tempo de permanência fora de Brasília nas viagens aos estados e ao exterior, até o número de audiências concedidas a empresários, trabalhadores, "membros do clero" e "autoridades militares" no Palácio do Planalto (pp. 251--258). O presidente concedeu ao todo 139 audiências reservadas a empresários contra 59 a representantes das "classes trabalhadoras". O contato direto com emissários da Igreja foi quatro vezes menor que os encontros com os oficiais (32 contra 128).

Sozinhos, esses números dizem pouco ou quase nada. Mas são exatamente assim que eles são apresentados no livro. Servem somente para provar que "o esforço pessoal do chefe supremo [...] alcançava sempre bom rendimento" (p. 249). Lateralmente, os dados em questão permitem notar que Geisel deu importância significativa ao Conselho de Desenvolvimento Econômico (CDE), tendo este último realizado, no total, 107 reuniões plenárias, substituindo na prática o outrora todo-poderoso Conselho Monetário Nacional como a instância máxima de deliberação da política estatal[176]. Já o Conselho de Segurança Nacional, ao contrário do que se poderia esperar em uma

[176] Para mais detalhes sobre esse ponto ver Adriano Nervo Codato, *Sistema estatal e política econômica no Brasil pós-64*. São Paulo: Hucitec, 1997.

ditadura, se reuniu duas vezes, contra 23 vezes do discreto Conselho de Desenvolvimento Social (cf. pp. 254-255).

É certo, porém, que aquela não era a única estrutura decisória importante do governo Geisel. Ao lado do arranjo formal, encimado pelo CDE, havia um círculo de "notáveis" que se constituíam numa *clique* política importante encastelada no topo do aparelho do Estado. Embora nem sempre seja possível determinar com segurança suas funções específicas e seus papéis reais, é correto afirmar que eles exerciam influência sobre o próprio presidente da República e, indiretamente, sobre o processo de tomada de decisões, principalmente políticas. Essa *entourage* palaciana era composta pelo Gal. Golbery do Couto e Silva (Ministro-Chefe do Gabinete Civil), por Heitor Aquino Ferreira, secretário particular, Humberto Barreto, amigo pessoal e assessor de imprensa, o assessor especial Cel. Gustavo de Moraes Rego, o Ministro-Chefe da Secretaria do Planejamento, Reis Velloso, e os generais João Batista Figueiredo (Ministro-Chefe do Serviço Nacional de Informações) e Hugo Abreu (Ministro-Chefe do Gabinete Militar)[177]. Os dados apresentados por Armando Falcão confirmam essa informação. Juntos, esses Ministros despacharam com o presidente 2.192 vezes, mais da metade do número total de despachos (4.277) durante todo o governo (p. 251).

É interessante notar que tal como seu antecessor, o general Médici, Geisel transferiu definitivamente as atividades da Presidência da República do Rio de Janeiro para Brasília. Se Castello Branco e Costa e Silva ainda insistiam em utilizar o Palácio Laranjeiras (lá foi assinado o AI-5, por exemplo), Geisel permaneceu na capital federal 1.175 dias, contra 332 dias nos outros estados todos (incluindo aí visitas oficiais). Ao Rio, viajou 61 vezes aí permanecendo ao todo 32 dias, número pouco maior que sua estada no exterior: 28 dias (pp. 251-252 e p. 258). Isso que parece mais como uma evidência anedótica no livro-registro de Armando Falcão pode ser tomado como um indicador indireto

[177] Ver André Gustavo Stumpf e Merval Pereira Filho, *A segunda guerra*: sucessão de Geisel. São Paulo: Brasiliense, 1979, pp. 25-28.

do isolamento progressivo feito pela ditadura do centro de comando político nacional no Distrito Federal.

No que diz respeito às questões centrais do governo Geisel – e que consistiram em pontos de inflexão decisivos da conjuntura política: o "Pacote de Abril" de 1977, a exoneração do Gal. Sylvio Frota, Ministro do Exército e, de maneira mais ampla, a decisão de promover uma distensão controlada do regime ditatorial – o livro é decepcionante. O Ato Complementar n° 102 (de 01/04/1977), que determinou o recesso do Legislativo e abriu caminho para a assinatura do Ato Constitucional n° 8 e de seis decretos-lei, impondo o texto da reforma do Judiciário, além de alterações significativas na legislação eleitoral, só veio em função do "império das circunstâncias" (p. 189): a recusa sistemática do MDB em oferecer o *quorum* de dois terços para a reforma constitucional exigida pelo projeto do governo. Igualmente, o lance bem-sucedido no controle do aparelho repressivo que culminou no afastamento de Frota é explicado exclusivamente em termos administrativos: "o cargo [de Ministro do Exército] é provido pelo critério da livre escolha. É uma comissão. É de natureza política, no sentido superior do termo [*sic*]. [...] O seu ocupante é demissível *ad nutum*, sem que o chefe do Estado deva explicações a quem quer que seja. A iniciativa de Geisel, no caso, traduzia *ato administrativo* perfeito e acabado" (p. 243, grifos meus). Tudo o que não foi a demissão de Frota foi um "ato administrativo", pois frustrou mais um golpe dentro do golpe que pretendia impedir a abertura política. Por último, o "aperfeiçoamento democrático" promovido por Geisel (isto é, a distensão política dos controles autoritários), na verdade apenas resgatou a intenção profunda presente na Revolução de 1964 que a "guerra subversiva" adiara (p. 265).

Um livro ainda a ser escrito

Provavelmente o que mais prejudique a objetividade do livro – daí seu desinteresse mais amplo para além do círculo de admiradores do ex-presidente, ou, porventura, do próprio ex-ministro, ao lado de sua baixa relevância como fonte para consulta – nem seja o tom do relato, construído pelo biógrafo como um imenso verbete de enciclopédia, mas a parcialidade com que apresenta a figura, os fatos e os feitos de Geisel. Além de pouco instrutivo, a vontade de agradar, o fascínio com o governo do qual fez parte e a dificuldade para realizar qualquer análise, separando a intenção de seus efeitos, o projeto e a prática efetiva, tornam o texto em questão um exemplo típico demais da história oficial. O capítulo 10, "No destino manifesto de Geisel", por exemplo, contém passagens inteiras que são cópia literal do discurso do presidente na primeira reunião ministerial em 19 de março de 1974 (pp. 180-181).

Deve-se sublinhar que a mudança de gênero literário (das memórias para a biografia) não foi acompanhada da superação daqueles defeitos que estavam presentes no trabalho anterior de Armando Falcão. Mais importante, permanece em aberto a tarefa de se escrever uma biografia documentada do general cujo traço principal foi ter sido, paradoxalmente, um militar autoritário contra o autoritarismo militar.

7.

A LÓGICA MILITAR DA LIBERALIZAÇÃO DO REGIME[178]

O general Ernesto Geisel não recebia jornalistas. Muito menos expressava opiniões políticas além do círculo íntimo formado por alguns amigos e ex-colaboradores de governo. Assim, não chega a ser surpreendente que seu longo depoimento a Maria Celina D'Araújo e Celso Castro – investigadores do Centro de Pesquisa e Documentação de História Contemporânea do Brasil (CPDOC) da Fundação Getúlio Vargas – tenha chamado tanta atenção do público não universitário. Problema diferente, no entanto, é explicar por que o livro *Ernesto Geisel*, não obstante seus méritos inegáveis, tornou-se um dos mais vendidos do país quando lançado em 1997.

A entrevista conduzida por D'Araújo e Castro faz parte do amplo projeto do CPDOC para resgatar a memória dos próprios militares sobre o regime de 1964. Desse esforço comum já haviam aparecido três títulos dos mesmos autores em colaboração com Glaucio Soares: *Visões do golpe* (1994), *Os anos de chumbo* (1994) e *A volta aos quartéis* (1995). A opção por publicar um volume em separado com a entrevista do general-presidente na íntegra deveu-se à avaliação de que as declarações ali contidas representariam "o que Geisel quis deixar

---

[178] Resenha do livro de Maria Celina D'Araújo e Celso Castro (orgs.). *Ernesto Geisel*. Rio de Janeiro: Editora Fundação Getúlio Vargas, 1997. 508 páginas.

como testemunho para a posteridade" (p. 10), já que o livro só deveria aparecer publicamente depois que o próprio general desaparecesse definitivamente. Mas como não existe um auditório universal, poderíamos também acrescentar que seu depoimento, além do valor histórico, serviu para outros dois fins, mais políticos: ajustar as contas com amigos e inimigos de farda[179] e projetar a imagem que o general gostaria de si próprio para a posteridade.

Todo o trabalho de entrevistas ocupou 19 sessões entre julho de 1993 e março de 1994, mais dez encontros para conversas complementares a fim de estabelecer o texto definitivo, revisado e completado minuciosamente com fatos pelo próprio ex-presidente. Os registros foram organizados em três blocos temáticos – "Formação e carreira", "A Presidência da República" e "O Brasil da transição" – e dispostos em ordem cronológica.

No geral, a imagem projetada de Geisel por ele mesmo concorda em parte com a crônica política convencional. *Nacionalista* em política externa ("Pessoalmente não tenho nada contra os Estados Unidos, tenho é contra a orientação governamental americana de natureza imperialista [*sic*]" (p. 341)), *desenvolvimentista* em política econômica ("Creio que a pior situação que o país e o mundo inteiro vivem é a recessão" (p. 327)), *pragmático* nas questões de Estado ("Acho que a tortura em certos casos torna-se necessária, para obter confissões", p. 225), *anticomunista* mas "estatizante", como fez questão de se autodefinir (p. 249), o mais reputado tecnocrata militar conspirou a maior parte do tempo, dentro e fora da caserna, inspirou várias soluções de força – como o Ato Institucional n. 2 que introduziu, em 1965, o bipartidarismo – e adotou-as quando julgou necessário. Se o general Geisel foi, durante seu governo, por função e por temperamento, "um autoritário contra o autoritarismo", como já foi descrito, é porque

---

179 É nesse depoimento que Geisel caracteriza Jair Bolsonaro como um "mau militar": "Tenho a impressão de que, à medida que o país se desenvolve, essa interferência [dos militares na política] vai diminuindo. Presentemente, o que há de militares no Congresso? Não contemos o Bolsonaro, porque o Bolsonaro é um caso completamente fora do normal, inclusive um mau militar" (p. 113).

estava convencido de que haveria de se encontrar um modelo político que, ao mesmo tempo em que mantivesse afastadas as Forças Armadas do governo, não fizesse voltar as variantes "populista" e "liberal" da democracia à brasileira. Daí que o "castellismo" no poder, a corrente militar de Geisel filiada ao general Castello Branco, não sustente com facilidade a imagem favorável que frequentemente lhe foi atribuída pelos politólogos.

Esse ideário político conservador foi forjado desde cedo na Escola Militar do Realengo e temperado por todos os eventos nos quais se envolveu: Geisel foi tenente em 1930, combateu os paulistas em 1932, ajudou a sufocar o levante comunista em 1935, participou da operação militar (golpe) que depôs Vargas em 1945, resistiu às tentativas de golpe às vésperas da posse de Juscelino em 1955, teve atuação importante na crise da renúncia de Jânio em 1961 atuando em favor da solução parlamentarista e foi um "revolucionário" destacado em 1964 ao lado de Castello Branco. O livro é, assim, mais que um testemunho vivido da política nacional, uma espécie de compêndio dos bastidores e lances ocultos da história republicana filtrados numa linguagem clara, direta e sincera. Geisel não se furta em julgar quem quer que seja, ora segundo suas convicções políticas, ora segundo suas idiossincrasias. Particularmente severo com os ex-presidentes militares (salvo Castello Branco), dá-nos sua visão dos grupos palacianos rivais em cada conjuntura importante, frisando a divisão política e ideológica entre os radicais ou "duros" – cujo desejo era continuar a ditadura indefinidamente – e os "moderados", nos quais ele se inclui, e "que queriam normalizar o país, sabendo que a normalização tinha que ser progressiva e que não se podia fazê-la do dia para a noite" (p. 213). Daí a legenda com a qual ele ficou mais famoso: a promoção de relaxamento do controle militar estrito sobre os meios e os modos do governo de forma "lenta, gradativa e segura"[180].

---

[180] "Erram – e erram gravemente, porém – os que pensam poder apressar esse processo pelo jogo de pressões manipuladas sobre a opinião pública e, através desta, contra o Governo. Tais pressões servirão, apenas, para provocar

A dinâmica política da ditadura

Dentre todos os assuntos tratados – e é impossível não registrar a habilidade extrema dos entrevistadores para pautar praticamente todas as questões mais importantes da política brasileira entre 1960 e 1990 – pode-se destacar um tópico entre os muitos que esclarecem bastante bem o funcionamento do regime ditatorial nos anos setenta.

O governo de Geisel foi descrito retrospectivamente como "pendular". Alternou ora ciclos de liberalização institucional, ora de repressão política e controle autoritário. Golbery do Couto e Silva caracterizou em uma palestra na Escola Superior de Guerra em 1980 essa dinâmica plasmada em "sístoles e diástoles" sujeita a "arritmias, isquemias e infartes". Para o general, a oscilação entre esses dois polos não foi planejada, como de resto pouquíssima coisa foi planejada no regime "revolucionário", nem muito menos resultou da relativa fraqueza de seu governo diante das demais facções militares para impor o projeto imaginado por ele e por Golbery para "normalizar" a vida política nacional. O núcleo do problema estava no fato de haver na década de 1970 duas frentes de combate: "contra os comunistas e contra os que combatiam os comunistas" (p. 369). Os "comunistas" aí, além de designar os próprios (PCB, PC do B e organizações revolucionárias, armadas ou não), incluía toda a oposição institucional então reunida no MDB e os setores liberais da sociedade civil (imprensa, sindicatos etc.). Os anticomunistas eram a linha dura militar, que contava com um enorme dispositivo de poder, os aparelhos de informação de cada

---

contrapressões de igual ou maior intensidade, invertendo- se o *processo da lenta, gradativa e segura distensão*, tal como se requer, para chegar-se a um clima de crescente polarização e radicalização intransigente, com apelo à irracionalidade emocional e à violência destruidora. E isso, eu lhes asseguro, o Governo não o permitirá". Ernesto Geisel, "Discurso feito aos dirigentes da ARENA, no Palácio da Alvorada. Em 29 de agosto de 1974", p. 122, grifos meus. http://www.biblioteca.presidencia.gov.br/presidencia/ex-presidentes/ernesto-geisel/discursos/1974/17.pdf/view. Acesso em: 23 jan. 2023

ministério (CIE, CISA e CENIMAR)[181], convertidos em bases para todo tipo de ação repressiva autônoma em relação ao governo. Era, portanto, no exíguo espaço entre essas duas opções que o governo deveria manejar. A habilidade de Geisel para afastar os "radicais" de um lado e de outro, sem aglutinar as Forças Armadas contra si, mas sem deixar de sinalizar a urgência de uma distensão nos controles políticos, é descrita com bastante detalhe no depoimento.

Penso que é justamente por essa via que se deva compreender o enorme acúmulo de poder na Presidência da República durante a sua administração e o caráter imperial do seu exercício. A centralização tornou-se assim, paradoxalmente, a via da abertura política.

A tentação da ilusão biográfica

Ernesto Geisel tornou-se em fins dos anos 1990 um *best-seller*, a exemplo dos *Diários* de Getúlio Vargas[182]. Embora estas duas sejam – ao lado de Juscelino Kubitschek – as figuras mais marcantes da política brasileira no século XX, a recepção notável da obra merece alguns comentários.

É razoável imaginar que a curiosidade dos leitores se veja alimentada por três fontes simultâneas.

Em primeiro lugar, pelo proverbial mutismo do general Geisel, mutismo esse sobreposto ao caráter secreto que a maioria das decisões públicas tomaram durante o regime ditatorial-militar. Mesmo procedimentos burocráticos ordinários eram sancionados como "reservados" ou "confidenciais". Consultando os arquivos do Conselho de Desenvolvimento Econômico, órgão assessor da presidência da República, é o que se constata, para ficarmos em um exemplo apenas.

---

[181] Centro de Informações do Exército (CIE), criado em 1967, Centro de Informações de Segurança da Aeronáutica (CISA), montado em 1970, e o Centro de Informações da Marinha (CENIMAR), mais antigo, de 1957.

[182] Editora FGV, 1995, dois volumes, 1.268 páginas.

Em segundo lugar, em função de um desejo sincero do público de conhecer "como as coisas se passaram de fato", expectativa essa alimentada, por sua vez, pela natureza da fonte: o depoimento. Um dos correlatos dessa esperança é supor que o depoente saiba *tudo* e, mais do que isso, que esteja disposto a contar *tudo*.

Por último, há uma supervalorização da "história de vida", mesclada com a vontade de penetrar na intimidade do entrevistado para daí alcançar a caixa preta do Estado e decifrar seus segredos políticos e sua imensa maquinaria decisória.

Mas esse método tem um poderoso inconveniente, a "ilusão biográfica". Supor, como lembrou Bourdieu[183], que uma vida constitui um conjunto compacto e coerente, alinhavado por um projeto, pessoal ou político, e que é permitido ao biógrafo ou ao biografado firmar nexos causais, encontrar razões e desvendar as verdadeiras intenções de tais ou quais posturas dá uma coerência artificial onde ela não pode existir senão *a posteriori*. O general Ernesto Geisel, em que pese as frequentes racionalizações de conduta que fez, deixou escapar pelo menos uma vez sua maior dificuldade: "não éramos senhores das circunstâncias..." (p. 264). Talvez a confissão reponha este excelente livro num lugar mais preciso: um dos caminhos privilegiados de acesso, entre outros tantos possíveis, ao entendimento da política ditatorial no Brasil.

---

183 Pierre Bourdieu, "L'illusion biographique". *Actes de la Recherche en Sciences Sociales*, vols. 62-63, jun., pp. 69-72, 1986.

8.

GENERAIS-ESTADISTAS E ESTADISTAS-GENERAIS NA POLÍTICA BRASILEIRA[184]

Os quatro livros de Elio Gaspari são a mais completa história geral disponível sobre a política brasileira do período 1964-1979[185].

Antes de descartar essa série de quatro livros publicados entre 2002 e 2004 como um exemplar redivivo da história tradicional – onde o que conta são os grandes feitos dos grandes homens, estadistas e generais celebrados por uma narrativa eminentemente descritiva, centrada nos acontecimentos políticos e apoiada exclusivamente em documentos governamentais –, proponho que se leia o material focalizando não as informações inéditas que revelam, mas os princípios historiográficos subjacentes à sua interpretação da política nacional.

Neste capítulo trato mais detidamente do último livro, *A ditadura encurralada*, publicado em junho de 2004, embora analise o projeto de Gaspari de exegese do regime ditatorial-militar no seu conjunto.

A exposição dos acontecimentos segue em cada livro uma ordem estritamente cronológica, passando da crônica do golpe militar de

---

[184] Resenha de A ditadura encurralada. *São Paulo: Companhia das Letras, 2004, 525 p.*

[185] Cf. Elio Gaspari. *A ditadura envergonhada. São Paulo: Companhia das Letras, 2002, 417 p.;* A ditadura escancarada. *São Paulo: Companhia das Letras, 2002, 507 p.;* A ditadura derrotada. *São Paulo: Companhia das Letras, 2003, 538 p.; e* A ditadura encurralada. *São Paulo: Companhia das Letras, 2004, 525 p.*

1964 para o registro histórico do governo de Castello Branco (1964-1967), daí para o governo de Costa e Silva (1967-1969), dele para o governo de Médici (1969-1974), para então se concentrar no governo Geisel (1974-1979), seu tema por excelência no quarto volume. O interesse específico desse último tomo reside em apresentar o argumento central do autor. O quinto volume foi planejado para completar a obra como uma extensão da história do 12 de outubro de 1977 (data da demissão do ministro do Exército, general Sylvio Frota) até os atentados terroristas de 1981. Mas apenas em maio de 2016 foi publicado o último volume, *A ditadura acabada*[186]. Ele é mais ambicioso e compreende o período que vai do fim do governo de Geisel até 1985 com a eleição de Tancredo Neves.

Meu objetivo é analisar os mecanismos explicativos que, segundo Gaspari, permitiram ao general Geisel cumprir duas tarefas: (*i*) levar adiante a política de distensão dos controles autoritários sobre as instituições políticas nacionais e (*ii*) administrar, com relativo sucesso, a política de contenção do ramo repressivo do Estado. Trato de avaliar a natureza e o alcance da justificação oferecida pelo autor para entender o plano de autorreforma do regime ditatorial-militar.

História ditatorial e a centralidade da problemática militar

A série de Elio Gaspari sobre a ditadura militar brasileira divide-se em dois blocos. A primeira parte, "As ilusões armadas", reúne os livros *A ditadura envergonhada* e *A ditadura escancarada* (publicados em 2002). A segunda parte, "O Sacerdote e o Feiticeiro", reúne três livros: *A ditadura derrotada* (2003), *A ditadura encurralada* (2004). O que liga os quatro volumes entre si e dá um sentido específico à obra como um todo é a narrativa: ela está centrada nas ações e reações de duas figuras-chave do período, os generais Ernesto Geisel (o quarto presidente do ciclo de governos militares) e Golbery do Couto e

[186] *Rio de Janeiro: Intrínseca, 448 p.*

Silva (seu ministro-chefe da Casa Civil). Conforme explicou o autor, "Em nenhum momento passou pela minha cabeça escrever uma história da ditadura. Falta ao trabalho a abrangência que o assunto exige, e há nele uma preponderância de dois personagens (Geisel e Golbery) que não corresponde ao peso histórico que tiveram nos 21 anos de regime militar"[187]. Mas por que esses personagens e não outros? Porque, responde Elio Gaspari, foram eles, justamente, os que "fizeram a ditadura e acabaram com ela"[188].

Há uma contradição evidente entre as duas afirmações. Se foram Geisel e Golbery que "fizeram a ditadura e acabaram com ela", o "peso histórico" de um e de outro é indiscutível e uma história política do regime não pode contorná-los. Se a preponderância de ambos é apenas uma questão de escolha do autor para organizar a exposição, então não se pode atribuir sem mais aos generais toda essa centralidade política e toda essa responsabilidade histórica.

Retomando: o que divide os volumes e dá sentido aos títulos é uma periodização da conjuntura política nacional orientada pela problemática militar. De um lado, essa periodização enfatiza os acontecimentos críticos da cena política nacional no pós-1964 e seus efeitos sobre os conflitos no interior das Forças Armadas (principalmente no interior de seu ramo dominante, o Exército). De outro, ela ilumina a atuação individual dos chefes militares, evidenciando o ideário político, as alianças estratégicas, as movimentações conspiratórias e a ascensão ou decadência desses atores e dos seus grupos em função de duas questões-chave para o regime: a repressão e a sucessão. O comportamento militar é visto assim ora como causa (em maior medida), ora como consequência (em menor medida) dos processos de evolução e mudança do regime político ditatorial ao longo do tempo.

A ditadura envergonhada (que cobre o período de 31 de março de 1964 a 13 de dezembro de 1968) registra no título a orientação mais ou menos provisória da intervenção militar e seu caráter reativo contra

---

[187] A ditadura envergonhada, *op. cit.*, p. 20.

[188] *Id.*, *ibid.*, p. 20.

o "comunismo", o "populismo" e a "corrupção", conforme o discurso da época. Sugere não somente a timidez da "Revolução" diante de objetivos programáticos mais consistentes, mas também o pretenso desconforto da corrente castellista com as medidas de exceção do governo ditatorial (censura, cassações, tortura), dada sua decantada moderação diante da "linha dura" do Exército[189]. O problema político central aqui é o da *institucionalização* de uma nova forma de regime. Se até outubro de 1965 não estava clara a preponderância absoluta das principais lideranças políticas das Forças Armadas na coalizão reacionária que derrotou e depôs Goulart, depois de dezembro de 1968 consumam-se três processos paralelos com a edição do Ato Institucional n. 5: (*i*) o fechamento da cena política a qualquer atividade de oposição, (*ii*) a centralização de prerrogativas e a concentração de poderes no Executivo, agora definitivamente militarizado e (*iii*) a promoção da comunidade de informações e dos aparelhos de repressão política ao primeiro plano dos acontecimentos.

A ditadura escancarada (que cobre o período de janeiro de 1969 a julho de 1974), o "mais duro período da mais duradoura das ditaduras nacionais"[190], narra o começo, o meio e o fim do governo Médici. Destaca as ações militares e paramilitares contra a guerrilha urbana e rural da "máquina de informações e repressão" (conforme Gaspari, o "porão" da ditadura), comandada pelo médio oficialato (a "tigrada"), apoiada e protegida pelos comandantes e pelos ministros militares. O problema central aqui é o da *repressão* ou, mais propriamente, o da relação entre o aparelho repressivo militar e o aparelho político do Estado militarizado.

A ditadura derrotada (que cobre o período que vai de meados de 1973 a novembro de 1974) deve seu título à vitória do MDB nas eleições

---

[189] Nunca é demais relembrar que no governo do moderado Castello Branco foi criado o SNI (em junho de 1964), editado o Ato Institucional n. 2 (em outubro de 1965), que suprimiu os partidos populistas (Art. 18) e determinou que as eleições presidenciais seriam indiretas (Art. 9º), e promulgada uma Constituição completa (em janeiro de 1967).

[190] *A ditadura escancarada, op. cit.*, p. 14.

para o Senado Federal durante o processo periódico de renovação dos legislativos conservados pelo regime militar[191]. O ponto central aqui é o da *legitimação* dessa estrutura de poder ou, mais exatamente, da estabilização de uma forma de dominação que não fosse nem populista, nem liberal, nem democrática. A manutenção de mecanismos eleitorais e instituições representativas pelo regime ditatorial-militar brasileiro dependia de duas cláusulas incontestáveis: que o partido do governo (a Aliança Renovadora Nacional – ARENA) funcionasse como uma correia de transmissão do Executivo militarizado e que o partido da oposição (o Movimento Democrático Brasileiro – MDB) fosse sempre minoritário no Parlamento[192]. Como conservar as duas coisas mantendo-se o calendário eleitoral que a ditadura insistia em emular e a democracia relativa cuja existência teimava defender?

Por fim, *A ditadura encurralada* (que cobre o período de janeiro de 1975 a 12 de outubro de 1977) destaca as ações inspiradas pelo general Golbery (o "Feiticeiro") e decididas pelo general Geisel (o "Sacerdote") para enquadrar política e burocraticamente a extrema-direita militar e livrar-se da "anarquia"[193]. No caso, a anarquia designa tanto a indisciplina do "porão" diante da cadeia de comando regular das Forças Armadas (ou seja, a autonomia operacional autoconcedida do aparelho repressivo), quanto a ascensão de um centro de poder autônomo em relação à presidência da República (o Ministério do Exército), o que punha em questão não só o princípio efetivo da hierarquia militar, mas a normalidade política do Estado de exceção. Conta também para essa anarquia o ressurgimento da "sociedade civil" ou, mais precisamente, a retomada, sob a liderança política e ideológica do movimento estudantil, das manifestações de massa

[191] Compare-se a votação por partido (em percentuais) para a câmara alta em 1970 e 1974: 1970: ARENA: 43,7; MDB: 28,6; brancos e nulos: 27,7. 1974: ARENA: 34,7; MDB: 50,0; brancos e nulos: 15,1.

[192] Cf. João Quartim de Moraes, *Les militaires et les régimes politiques au Brésil de Deodoro à Figueiredo (1889-1979).* Thèse de Doctorat d'État. Paris, Institut D'Etudes Politiques de Paris, 1982, p. 866.

[193] *A ditadura encurralada, op. cit.*, p. 187 *et passim.*

contra o regime ditatorial-militar em 1977-1978. O problema central aqui é a *transição*, entendida como um movimento simultâneo de modificação "lenta, gradativa e segura"[194] da relação entre o Estado e a sociedade civil (a política de *distensão* dos controles autoritários) e da relação entre os ramos e sub-ramos do aparelho do Estado (a política de *contenção* das correntes rivais nas Forças Armadas).

Isso posto, como se pode analisar esse monumental trabalho de explicação da ditadura por Gaspari?

A manumentalização da documentação

Não é difícil recolher nas muitas resenhas publicadas sobre os dois primeiros títulos da série de quatro livros uma avaliação categórica a respeito do alcance praticamente definitivo do esforço de reconstrução histórica de Elio Gaspari.

De acordo com a visão de um crítico cultural de *O Estado de S. Paulo* "está tudo ali"[195]. Por "tudo" entenda-se o que é possível saber sobre esse assunto (a ditadura militar brasileira). O articulista vai além para enfatizar não só o caráter completo, mas desmistificador da obra graças à objetividade científica e neutralidade axiológica do seu autor:

> "Talvez pela proximidade histórica, talvez pelas dificuldades da historiografia brasileira, o período do regime militar (1964-1985) era mais pródigo em *interpretações* do que em *informações*. Diversas perguntas pairavam sobre diversos episódios, como nuvens de chumbo, e as avaliações se dividiam com a mesma carga elétrica que dividiu aqueles anos todos. Com um arsenal exclusivo de arquivos, entrevistas e livros [...] Elio Gaspari [...] *desarma as versões de direita e esquerda sobre seus papéis*"[196].

---

[194] Ernesto Geisel. *Discursos*. Volume I: 1974. Brasília: Assessoria de Imprensa da Presidência da República, 1975, p. 122.

[195] Daniel Piza, Elio Gaspari conta história (sic) do regime militar. *O Estado de S. Paulo*, 23 nov. 2002.

[196] *Id.*, *ibid.*, grifos meus. Adiante trato dessa oposição "interpretação" *versus* "informação".

De um ponto de vista mais crítico, ou francamente negativo, podem-se identificar nos comentários que se seguiram à publicação dos quatro livros três caminhos, todos improdutivos a meu ver, para avaliar o alcance do trabalho historiográfico de Gaspari.

O primeiro caminho se resume em tomá-lo como um fenômeno apenas comercial e, portanto, passageiro. A venda de muitos exemplares de cada livro seria resultado esperável das campanhas publicitárias e das inserções de "reportagens" em veículos "sérios" que enfatizaram para os consumidores desavisados o ineditismo da documentação, que consistia basicamente de arquivos pessoais confidenciais e entrevistas com os principais *decision-makers* do período[197].

De fato, o apoio empírico do trabalho é notável. O autor pôde consultar, além da série de cerca de 4 mil documentos textuais do governo Geisel depositados no Centro de Pesquisa e Documentação de História Contemporânea do Brasil da Fundação Getúlio Vargas e de acesso público, um conjunto de fontes exclusivas: o arquivo privado do general Golbery do Couto e Silva (cerca de cinco mil papéis); cerca de vinte entrevistas com o general Geisel entre 1984 e 1996 (das quais foram recuperadas doze gravações em fita cassete); o *Diário* de Heitor Ferreira (dezessete cadernos), assistente de Golbery no Serviço Nacional de Informações (1964-1967), secretário de Geisel na Petrobrás (1969-1973) e na Presidência da República (1974-1979) com suas notas e observações sobre os acontecimentos entre 1964 e 1976; e gravações secretas de conversas entre o general Geisel e seus colaboradores, feitas entre outubro de 1973 e março de 1974, na preparação do

[197] A lista de fontes de Gaspari consta de *A ditadura derrotada*, *op. cit.*, pp. 16-17. Os livros aproveitaram também uma série de entrevistas com personalidades políticas (civis e militares) do regime militar e da oposição liberal e de esquerda (PCB), somando aproximadamente duzentas pessoas. Cf. *A ditadura envergonhada*, *op. cit.*, p. 16. O critério adotado pelo autor para o uso da documentação (no caso específico de citações diretas) foi o seguinte: só se reproduziu comentário de natureza pessoal sobre personagens públicos quando envolviam questões políticas. Cf. *A ditadura derrotada*, *op. cit.*, p. 18.

governo (cento e vinte fitas cassete com aproximadamente duzentas e vinte horas).

O segundo caminho crítico do trabalho do autor consiste simplesmente em descartá-lo como um "trabalho de jornalista" que se limitou a ouvir confissões e recolher impressões para juntá-las numa narrativa superficial. Disso resultaria a exposição de uma série quase infinita de pequenos acontecimentos (muitos de caráter apenas anedótico) encadeados de acordo com a intenção oculta do escritor. O que nos conduz a um terceiro caminho, que pretende atribuir a motivos secretos o grande defeito da série de Elio Gaspari. Ela não se fixaria apenas no elogio póstumo da dupla Geisel-Golbery, mas estaria a serviço da divulgação da versão edulcorada do próprio regime ditatorial-militar e da atuação de uma facção específica das Forças Armadas. Para o coronel Jarbas Passarinho, ex-Ministro da Educação e do Trabalho de Médici, o simples exame do projeto revela desde logo seu propósito: a história não é apenas contada destacando dois personagens, Geisel e Golbery. É contada em função do *ponto de vista* do grupo militar que esses últimos representavam – os castellistas[198].

Assumindo para todos os efeitos que pouco importam as intenções do autor, uma vez que se trata de julgar a obra, e que a própria condenação do sucesso comercial não esclarece as razões da notável recepção pelo público acadêmico, o engano mais importante (e persistente) é supor que essa narrativa "jornalística" prescinde de uma interpretação histórica do processo político e de uma explicação sociológica que liga, causalmente, os eventos entre si. A crença na superficialidade da história contada, combinada ao acúmulo de dados e informações e na qualidade desse tipo de abordagem[199] deixa de lado os problemas

---

[198] *Ver Fernando Rodrigues, Março de 1964 – Entrevista: Jarbas Passarinho. Jornal de Brasília, 28 mar. 2003.*

[199] "É afinal disso que se trata: um trabalho no qual o olhar e a faina do repórter, do editor e do redator de mão cheia se impõem. [...] Na história de Gaspari contam menos os grandes processos e os movimentos estruturais do que as personalidades, com seus traços de caráter, seus humores, suas audácias e fraquezas. Contam mais, também, [...] o gosto por pequenos e significativos

metodológicos derivados das fontes (sua natureza e sua utilização), dos *partis-pris* (a teoria implícita que comanda a narrativa) e do foco privilegiado pela tetralogia (a política nas Forças Armadas). Vejamos aqui o primeiro e o último problema.

Não é uma grande novidade enfatizar que a natureza fragmentária, parcial e precária de qualquer evidência (por mais "quente" que ela seja, para falar na linguagem dos jornalistas, ou por mais exclusivas que sejam as fontes) demanda, na ordenação lógica de sua apresentação, que se explicite a relação de causa e efeito entre os vários fatos narrados. O problema básico é a expectativa dos leitores diante das fontes históricas e o tratamento que os autores podem dar a essas fontes. Há uma crença na verdade objetiva contida nos registros orais e documentais. Alencastro chamou a atenção dos historiadores que tendem a supervalorizar a "racionalidade e a transparência dos registros escritos", crentes que "os documentos encerram, em si próprios, toda a realidade. Essa ideia [...] pressupõe que a história já está toda feita, escondida ou esquecida nalgum porão em pilhas bem arrumadas. Ao pesquisador [...] cabe apenas descobri-la, ou melhor, reencontrá-la" [200].

O trabalho historiográfico de Gaspari, ainda que não esteja preso a essa miragem empirista, é muito pouco desconfiado da fortuna em papéis que herdou e das declarações que tomou.

Um cuidado metodológico que não é óbvio "consiste em tentar explicitar as condições de produção das fontes que lidamos, no intuito de indagar em que medida as características do material coligido [...] retêm a marca dos interesses, dos valores e das estratégias dos grupos sociais a que se referem"[201]. Um sintoma do que quero dizer: o autor

---

episódios, o prazer pelo anedótico e a paixão pela personagem". Marcos Augusto Gonçalves, O romance jornalístico da história. *Folha de S. Paulo*, 26 jun. 2004, p. E7.

[200] Luis Felipe Alencastro, "Não sabem dizer coisa certa". *Revista Brasileira de Ciências Sociais*, São Paulo, n. 16, jun. 1991, p. 64.

[201] Sergio Miceli. Biografia e cooptação (o estado atual das fontes para a história social e política das elites no Brasil). *In:* _____. *Intelectuais à brasileira.* São Paulo: Companhia das Letras, 2001, p. 349.

conjetura as razões da preservação dos documentos de Golbery-Heitor Ferreira e, surpreendentemente, conclui que foi exatamente "'porque [seus proprietários] desejavam preservar o registro histórico de suas atividades públicas"[202]. Esse viés diante dos produtores da papelada oficial contagia também a visão que se dá ao conteúdo do material e atrapalha que se situe as estratégias e as ações dos seus maiores protagonistas – Geisel e Golbery – no contexto em que elas foram produzidas. Isso impede que se considere mais severamente os motivos apresentados pelos heróis desse drama. Esse defeito metodológico não se estende à facção rival de Geisel/Golbery nas Forças Armadas. Um dos pontos altos de *A ditadura encurralada* é a acuidade com que o autor percebe a defasagem entre os "informes" do Centro de Informações do Exército ou as "apreciações" do Serviço Nacional de Informações em relação à política real, uma vez que insistiam em vincular o MDB ao "Movimento Comunista Internacional" e o novo movimento estudantil de 1977 ao Partido Comunista Brasileiro. Uma alucinação da linha dura.

Na mesma direção vai a supervalorização das fontes orais que informam o trabalho. Gaspari parece acreditar que isso seja suficiente para corrigir as interpretações sociológicas da história política brasileira sem muita base empírica: "O silêncio dos generais foi compensado pela utilização maciça de conceitos teóricos. Com isso, frequentemente misturaram-se ideias brilhantes e preconceitos, dando-se força de dogma a algumas racionalizações que, no máximo, seriam bons instrumentos de especulação"[203]. Na verdade, a ausência de autocrítica em relação às fontes conduz ao que Jacques Le Goff chamou de "monumentalização" da documentação. Este parece ser um caso típico do fenômeno.

---

[202] *A ditadura envergonhada*, *op. cit.*, p. 16.

[203] *A ditadura envergonhada*, *op. cit.*, p. 39. Aqui no caso trata-se da ilusão cultivada por uma parte da literatura especializada sobre o papel estruturante que a "Doutrina de Segurança Nacional" teria cumprido na configuração do regime ditatorial.

Algumas outras dificuldades desses quatro livros derivam da eleição do foco narrativo (isto é, quem conta a história, de onde se conta essa história e do que se escolhe contar). Ela contém, também, uma série de decisões implícitas.

Uma história militar da ditadura militar

Mesmo onde não há um modelo teórico a partir do qual se possa deduzir os traços característicos do regime ditatorial-militar e, a partir dele, construir uma interpretação do caso brasileiro, a simples escolha do autor por iluminar apenas o "poder militar" cria uma zona de sombra sobre a dimensão civil do regime e sobre (o que parece ser decisivo) as conexões entre o aparelho do Estado e a sociedade. Note-se que, no caso específico dos dois últimos tomos, a mudança de foco para as movimentações na cena política (o MDB, os estudantes) é apenas circunstancial. A narrativa e a análise estão centradas nas manobras de bastidores, nas intrigas palacianas e nas disputas entre a presidência da República e a comunidade de informação e repressão representada pelo ministro do Exército, Sylvio Frota.

Da mesma forma que seria excessivo cobrar uma sociologia completa do período, não é simples relevar essa ausência. Uma evidência desse problema é o papel que os empresários e os movimentos sociais representaram na montagem e na desmontagem da ditadura. Segundo Gaspari, papel algum. Quando se lê com mais atenção *A ditadura encurralada* fica-se sem saber qual o valor real, para o processo de distensão do regime, da atuação do novo movimento estudantil (os jovens militantes de classe média liberados da influência ideológica do Partido Comunista), do novo movimento operário (os sindicalistas do ABC liberados dos limites corporativos da estrutura sindical oficial) e do novo empresariado (um pequeno grupo não organizado, mas com ideias mais avançadas em termos de liberdades políticas que a maioria da classe). Também não se entende o peso específico, na narrativa, dos políticos "responsáveis" (a ala centrista da ARENA e do MDB) e dos juristas liberais (Raymundo Faoro à frente), senão como pano de fundo da disputa Geisel *versus* Frota pelo controle da sucessão presidencial de 1978, pelo comando dos quartéis e pela capacidade institucional para definir a natureza e os limites da "Revolução".

Em resumo: nos livros de Gaspari, uma história apenas militar da ditadura militar, centrada exclusivamente no conflito político e ideológico no interior do aparelho militar e nas suas repercussões sobre os órgãos de governo, revela a primazia e os limites de um *princípio explicativo* e não a ausência de qualquer princípio (os livros seriam "meramente" descritivos). Não se pode ignorá-lo sob o risco de fazer submergir a interpretação da história na notável narrativa da obra.

O interesse do esforço historiográfico de Gaspari decorre, na minha visão, de quatro aspectos: (*i*) da perspectiva sobre os processos políticos que ele recobra, fundamentada numa perspectiva histórica; (*ii*) do estilo de fazer história que restaura, inspirada na grande narrativa explicativa; (*iii*) da explicação sobre a dinâmica do regime ditatorial que instaura, fundada no conflito entre interesses e valores dos atores; e (*iv*) do tipo de interpretação sobre esse regime que consagra. Na sequência menciono brevemente as vantagens dos itens (*i*) e (*ii*) e analiso os pressupostos e os resultados do item (*iii*), tal como aparecem em *A ditadura encurralada*.

A dimensão histórica da política e os mecanismos da explicação

Os quatro livros sobre a ditadura militar brasileira oferecem possibilidades diferentes de abordá-los das referidas acima.

Uma possibilidade bastante produtiva, por exemplo, consistiria em explicitar o diálogo com a historiografia, presente no projeto do autor, mas oculto no texto. Sob a proteção de um vocabulário peculiar, que mescla arcaísmos com idiomatismos jocosos e elípticos, e de um estilo mais conotativo que denotativo, é preciso considerar mais atentamente a presença de um debate cifrado e de uma crítica indireta às interpretações da política nacional no pós-1964.

Cada tomada de posição do autor – seja sua interpretação dos eventos em separado, seja sua compreensão particular da natureza de todo o processo político entre 1964 e 1979 – não está apenas baseada na organização cuidadosa e na exposição meticulosa das informações contidas nas fontes consultadas. A profusão de livros acadêmicos citados numa obra destinada a um público não especializado não é ornamental, mas um índice das preferências de Gaspari por esta ou aquela tese "acadêmica"[204]. Três exemplos do que quero dizer. A explicação do golpe de 64 como um episódio puramente militar[205] confronta tanto a tese de René Dreiffuss de uma superconspiração civil, quanto a de um impasse tipicamente institucional, de Wanderley Guilherme dos Santos[206]. A visão sobre a edição do Ato Institucional n. 5 como um resultado esperável das ações da extrema-direita militar[207] se opõe à ideia segundo a qual a radicalização oposicionista 1968 teve um papel determinante no aprofundamento do autoritarismo[208]. Por fim, o entendimento da campanha do grande empresariado brasileiro contra a estatização da economia no primeiro ano do governo Geisel como derivada essencialmente da restrição do crédito governamental

---

204 Devo a Kenneth Serbin esta sugestão que me chamou a atenção para essas dificuldades adicionais na compreensão menos ligeira dos livros de Elio Gaspari.

205 Cf. *A ditadura envergonhada*, *op. cit.*, Parte I, "A queda" (p. 43-125).

206 V. respectivamente René Armand Dreifuss. *1964*: a conquista do Estado. Ação política, poder e golpe de classe. Petrópolis: Vozes, 1981; e Wanderley Guilherme dos Santos. *O cálculo do conflito*: estabilidade e crise na política brasileira. Belo Horizonte: Editora UFMG; Rio de Janeiro: IUPERJ, 2003.

207 Cf. *A ditadura envergonhada*, *op. cit.*, Parte III. A provocação da anarquia (p. 309-332). Na mesma direção, v. Maria Helena Moreira Alves. *Estado e oposição no Brasil* (1964-1984). Petrópolis: Vozes, 1984; e Jacob Gorender. *Combate nas trevas*. A esquerda brasileira: das ilusões perdidas à luta armada. São Paulo: Ática, 1987.

208 Cf. Fernando Henrique Cardoso. *O modelo político brasileiro e outros ensaios*. 4ª. ed. São Paulo-Rio de Janeiro: Difel, 1979; e Sebastião Velasco e Cruz & Carlos Estevam Martins. De Castello a Figueiredo: uma incursão na pré-história da 'abertura' *In:* Bernardo Sorj e Maria Hermínia Tavares de Almeida (orgs.). *Sociedade e política no Brasil pós-64*. São Paulo: Brasiliense, 1983.

em 1974[209] contraria as interpretações que veem no movimento um sentido democrático latente[210]. E assim por diante.

Mas aqui nos interessa enfatizar outro aspecto e que tem a ver com a *perspectiva* adotada por Gaspari. Trata-se de um efeito indireto, mas ainda assim importante.

Ao retirar a poeira depositada sobre os estudos de política brasileira, propondo uma nova visão ou simplesmente aderindo a visões estabelecidas na literatura sobre a origem (intempestiva) do golpe militar de 1964, sobre o colapso (programado) do regime em 1979 e sobre a sua dinâmica (caótica), a discussão sobre os volumes de "As ilusões armadas" e de "O sacerdote e o Feiticeiro" contribuiu em certa medida para trazer de volta para o primeiro plano a dimensão histórica na análise dos processos políticos.

A história política, nova ou velha, é uma seção cada vez mais esquecida (ou relegada) pela Ciência Política dominante. Isso decorre, basicamente, da perda da dimensão temporal das análises em função do excessivo conjunturalismo dos temas de investigação.

Essa dificuldade – o "conjunturalismo" – pode ser conferida quando se acompanha a mudança dos problemas de pesquisa política no campo científico. Eles estão frequentemente atados à evolução dos problemas políticos na realidade[211]. A sequência *autoritarismo* → *transição política* → *consolidação democrática* → *democracia política* → *instituições democráticas* (*parlamentos, partidos e eleições*) indica a ocorrência de um fenômeno curioso. De certa forma, os cientistas políticos e suas investigações parecem ser dirigidos pelo campo político, isto é,

---

[209] *A ditadura encurralada, op. cit.*, p. 61.

[210] Cf. Carlos Lessa. A descoberta do Estado totalitário. *Gazeta Mercantil*, 29 abr. 1980, pp. 32-34; Pedro S. Malan. O debate sobre "estatização" no Brasil. *Dados*, v. 24, n. 1, 1981, pp. 25-36.

[211] Veja-se, por exemplo, o caso da literatura da "transitologia" (isto é, os estudos sobre a transição política) e da "consolidologia" (ou seja, os estudos sobre a consolidação democrática). Cf. Carlos S. Arturi, O debate teórico sobre mudança de regime político: o caso brasileiro. *Revista de Sociologia e Política*, n. 17, 2001, pp. 11-31.

pelas questões que esse campo coloca, pelas que ele não coloca e sob a forma que ele as coloca. Daí que o objeto de pesquisa – o pequeno mundo da política (na expressão de Pierre Bourdieu[212]) – domine o pesquisador, e não o contrário.

Mesmo que *A ditadura envergonhada* (vol. 1), *escancarada* (vol. 2), *derrotada* (vol. 3) *e encurralada* (vol. 4) não sejam a última palavra sobre a história do Brasil, como se anunciou, ou a análise mais penetrante da história política do regime político pós-1964, penso que sua edição e o barulho que se seguiu a ela indicam uma alternativa às explicações sociológicas baseadas em modelos e uma saída diante das interpretações da micro-história baseadas unicamente numa "pequena história". Esses livros restauram, conscientemente ou não, uma narrativa abrangente, preocupada com causas e consequências.

Peter Burke resumiu, com notável concisão, os modos de explicação que dividem a prática dos historiadores em dois campos opostos. Aqueles vinculados à narrativa tradicional "'tendem [...] a exprimir suas explicações em termos de caráter e intenção individuais'". Um exemplo conhecido dessa corrente vem expresso, sob a forma de uma epigrama, na seguinte formulação: 'as ordens chegaram tarde de Madri porque Felipe II não conseguia decidir o que fazer'. Ao contrário, os historiadores que insistem nos condicionamentos estruturais preferem, como Fernand Braudel, enfatizar que "'as ordens chegaram tarde de Madri porque os navios do século dezesseis demoravam várias semanas para cruzar o Mediterrâneo'"[213]. O projeto de Gaspari de contar a história política do regime ditatorial-militar brasileiro às vezes parece ser um exemplo eloquente da primeira vertente. A essa caracterização do projeto se sobrepõe um outro traço importante na narrativa. Conforme sugeriu Giannotti,

---

[212] Cf. Pierre Bourdieu. *Propos sur le champ politique.* Lyon: Presses Universitaires de Lyon, 2000.

[213] Peter Burke, A história dos acontecimentos e o renascimento da narrativa. *In:* ____ (org.). *A escrita da história*: novas perspectivas. São Paulo: Editora da Universidade Estadual Paulista, 1992, p. 332.

> "Não há dúvida de que esses cinco volumes não pretendem contar a história da ditadura como Jules Michelet escreveu a história da Revolução Francesa, mas sua narração não se limita aos jogos de Geisel e de Golbery, pois, conforme seu contexto vai se ampliando, o vasto panorama resulta num modelo de *Histoire événementielle*, dessa história que se dedica à *narração cuidadosa dos acontecimentos*" [214].

Contudo, é preciso enfatizar que esse desacordo básico entre a primazia dos atores ou das estruturas, que define a abordagem historiográfica ora centrada em eventos singulares, ora centrada em processos ("de longa duração") não elide, em nome da mera descrição factual, as explicações causais. Há um estilo na escrita histórica tanto de "As ilusões armadas" como de "O Sacerdote e o Feiticeiro" que podemos nomear, de acordo com a sugestão de Barbara Weinstein, de "narrativa explicativa"[215]. Esse estilo deriva, em primeiro lugar, do objetivo do empreendimento. Conforme Elio Gaspari, trata-se "de contar *por que* e *como* Geisel e Golbery, dois militares que estiveram na origem da conspiração de 1964 e no centro do primeiro governo constituído após a sua vitória, retornaram ao poder dez anos depois com o propósito de desmontar a ditadura"[216]. Em segundo lugar, da tese a ser sustentada: "Para quem quiser cortar caminho na busca do motivo por que Geisel e Golbery desmontaram a ditadura, a resposta é simples, porque o regime militar, outorgando-se o monopólio da ordem, era uma grande bagunça"[217].

O modelo tradicional, baseado na narração de todos os acontecimentos políticos mais importantes – do golpe de Estado, em 1964, à solução da última grande crise militar do regime, em 1977 – funde-se aqui com a atribuição de intenções/motivações conscientes por detrás

---

214 José Arthur Giannotti, Elio Gaspari faz história. *Revista Pesquisa Fapesp*, n. 86, abr. 2003, grifos meus.

215 Barbara Weinstein, História sem causa? A nova história cultural, a grande narrativa e o dilema pós-colonial. *História*, v. 22, n. 2, pp. 185-210, 2003.

216 *A ditadura envergonhada, op. cit.*, p. 36, grifos meus.

217 *A ditadura envergonhada, op. cit.*, p. 41.

das ações do(s) ator(es), e com o estabelecimento de relações de causa e efeito entre elas (o que o autor chamará impropriamente de "mecanismos"[218]).

Se é assim, são as explicações oferecidas para que se compreenda esses "mecanismos", os pressupostos dessas explicações e as consequências dessas explicações – a interpretação histórica enfim –, que concorrem para cristalizar *uma* versão da história como *a* versão da história (mesmo não sendo esse o propósito do autor) que devem ser examinadas criticamente.

Que mecanismos são esses que permitem, no fim das contas, ao general Geisel disciplinar a oposição parlamentar, enquadrar as Forças Armadas e promover, com a revogação do AI-5, o fim do regime ditatorial?

A ditadura da desordem e o autoritarismo presidencial

A análise de *A ditadura encurralada* pode bem começar pela sua conclusão, anunciada no volume anterior, *A ditadura derrotada*: ao fim e ao cabo, "Geisel restabeleceu o primado da presidência republicana sobre os comandantes militares, que, desde 1964, viam o presidente como um delegado da desordem a que denominavam 'Revolução'"[219]. Como isso foi possível e com que finalidade é o assunto das 525 páginas do quarto volume da série.

A imagem do regime ditatorial-militar brasileiro como um caos resulta da compreensão do autor diante do tipo de relação que se instaurou entre o estabelecimento militar e o governo militar, e das suas consequências práticas.

Desde que se definiu a "Revolução" de 1964 como um processo permanente (o preâmbulo do AI-2 lembrou, em 1965, que a Revolução não "foi, mas que é e continuará"), as Forças Armadas, através dos seus

---

[218] *A ditadura envergonhada, op. cit., p. 35.*

[219] *A ditadura derrotada, op. cit., p. 16.*

chefes políticos mais influentes, assumiram uma função tutelar sobre o *presidente militar* tornando-se capazes de pressioná-lo, destituí-lo, "ou pelo menos emparedá-lo", reduzindo com isso bruscamente sua margem de decisão política e impedindo na prática que nomeasse seu sucessor. "Assim se fizera em 1965, quando o general Costa e Silva emparedara o marechal Castello Branco. Assim fora em 1968, quando a guarnição do Rio de Janeiro resolveu emparedar Costa e Silva. Assim acontecera em 1969, quando se impediu a posse do vice-presidente Pedro Aleixo [...]"[220]. A "anarquia militar" transformou "o poder republicano enfraquecido em símbolo da força da indisciplina, assegurando-lhe proteção hierárquica e até mesmo legitimidade funcional. Fizera assim em 1965 com Castello, na edição do AI-2, e em 1968 com Costa e Silva, produzindo o AI-5". A Presidência da República não era nem mais nem menos que uma "função delegada pela Revolução, cujo poder constituinte emanava das Forças Armadas" [221].

O general Geisel propôs-se e conseguiu barrar essa anomalia, "a principal distorção do regime"[222], e inverter a relação entre os aparelhos do Estado ditatorial. O quarto governo militar tratou assim de (r)estabelecer "a autoridade constitucional do Presidente da República sobre as Forças Armadas"[223]. "Encerrou-se" com isso "o ciclo aberto em 1964, no qual a figura do chefe do governo se confundia com a de representante da vontade militar, tornando-se ora seu delegado, ora seu prisioneiro". Foi o que tornou viável, segundo Gaspari, a abertura do "caminho da redemocratização". Como isso foi possível? Graças a mais autoritarismo, e não a menos.

O presidente militar "transformou uma Presidência inerte", marca *par excellence* da gestão Garrastazu Médici, "entregue a um colegiado de superministros", liderados pelo da Fazenda, Delfim Netto, "num governo imperial. Converteu uma ditadura amorfa, sujeita a períodos

---

[220] *A ditadura envergonhada, op. cit.*, p. 31.

[221] *A ditadura encurralada, op. cit.*, pp. 187 e 203, respectivamente.

[222] *A ditadura encurralada, op. cit.*, p. 109.

[223] *A ditadura encurralada, op. cit.*, p. 481.

de anarquia militar" – que se expressaram em variados processos de conquista de espaços próprios de poder por grupos paramilitares, sobreposição de funções, paralelismos nas cadeias formais de comando, estabelecimento de vínculos com aliados externos como forma de reforçar as posições de facções em conflito etc. –, "num regime de poder pessoal". Esse militar poderoso foi, paradoxalmente, o meio para pôr fim ao poder militar. O episódio mais significativo da restauração da autoridade da *Presidência da República* sobre os focos autônomos fomentados pela indisciplina militar foi a demissão do Ministro do Exército em 12 de outubro de 1977. Conclusão: quando Geisel "consolidou [seu] poder [...], desmantelou o regime"[224].

Vejamos brevemente alguns aspectos dessa história. Há aqui dois pressupostos e um tema que pode ser discutido, aquele que diz respeito à relação aparentemente contraditória entre a concentração do poder e a liberalização política. Segundo Gaspari, Geisel "queria a distensão desde que tivesse a prerrogativa de dizer qual, como e quando. Queria menos ditadura tornando-se mais ditador"[225].

O primeiro pressuposto não chega a ser exatamente uma novidade. O papel tutelar que as Forças Armadas já exerciam sobre o sistema político durante todo o período republicano ampliou-se e passou a ser exercido também e principalmente sobre os governos militares (o "emparedamento").

O segundo pressuposto é também conhecido. O processo político-militar é explicado segundo uma dinâmica dualista que opõe castellistas (o grupo de Castello Branco) à linha dura. Num nível mais abstrato esse antagonismo traduz-se em três grandes antinomias que dirigem a história: racionalidade *versus* anarquia; ordem *versus* desordem; hierarquia *versus* autonomia. Num nível mais concreto, o general radical Sylvio Frota, "o patrono do porão", do terrorismo de direita e da tortura enfrentou o general-presidente Ernesto Geisel, um

---

[224] Todas as citações entre aspas são de *A ditadura envergonhada, op. cit.*, p. 35. Os acréscimos explicativos são meus.

[225] *A ditadura encurralada, op. cit.*, p. 35.

"autoritário, estatista e nacionalista" obcecado por disciplina[226]. Esse embate decidiu o futuro político do País.

Ora, pode-se perguntar até que ponto essa narrativa explicativa – que estabelece como causa de um fato (a restauração da "ordem", i.e., do poder presidencial) um evento (a demissão de Frota em 1977) e, como consequência desse fato, um processo (a mudança/evolução do regime ditatorial) – não é tributária exclusivamente da lógica interna que comanda o aparelho militar, tal como ela se expressa nas visões respectivas dos grupos em disputa? Até que ponto sua explicação não deve mais às razões que os próprios atores dão para si próprios e para suas ações do que ao sentido real que resulta duma visão desmistificadora dos seus discursos? À medida que o livro reproduz fielmente, com base na sua gigante documentação, as posições político-ideológicas das duas matrizes autoritárias na conjuntura 1975-1977, o autor não só não supera a visão dualista tradicional da ditadura (militares moderados *versus* militares radicais), mas termina por consagrá-la definitivamente.

Qual é "a essência do processo político conduzido por Geisel"[227]? Sua "racionalidade" pode ser descrita assim: o que se desejava era construir uma alternativa política conservadora (não democrática) para o regime ditatorial. A fim de alcançá-la devia-se, em primeiro lugar, disciplinar a máquina repressiva[228], mantendo a todo custo, graças à observação do princípio hierárquico, a coesão do aparelho militar. Esse processo, fundado essencialmente no aumento do poder pessoal do *presidente da República*, que concentrava "na sua vontade o arbítrio da ditadura", tinha de anular igualmente a oposição, impedindo que o MDB conquistasse o poder pela via eleitoral. No fim, Geisel deveria garantir a indicação de um sucessor que continuasse o projeto de organização da "anarquia militar" e que pudesse manobrar[229].

---

226 *A ditadura encurralada, op. cit.*, pp. 42, 335 e 207, respectivamente.

227 *A ditadura encurralada, op. cit.*, p. 107.

228 *A ditadura encurralada, op. cit.*, p. 208.

229 Cf. *A ditadura encurralada, op. cit., passim.* A passagem entre aspas é da p. 35.

Tudo realizado estaria enfim restabelecida "a autoridade constitucional do Presidente da República sobre as Forças Armadas"[230].

O raciocínio aqui parece tautológico. Segundo o argumento, a restauração do "primado do poder da Presidência" da República era ao mesmo tempo o *meio* (i.e., o instrumento) para submeter o porão, obrigar a classe política e definir o próximo presidente e o *fim* (i.e., o objetivo) a que se pretendia chegar quando essas três tarefas já estivessem cumpridas. Além disso, não há nenhum "mecanismo" em operação aqui que seja diferente das movimentações táticas e dos lances estratégicos dos dois principais atores militares desse drama, Geisel e Golbery. No final das contas a explicação oferecida em *A ditadura encurralada* parece limitar-se à enumeração exaustiva das ações conspiratórias do general Golbery, das decisões marciais do general Geisel e das reações políticas desvairadas do general Frota.

Reencontramos, assim, não somente uma forma de contar, mas mais exatamente uma forma de explicar a história firmada basicamente nos "grandes feitos" dos "grandes homens".

No próximo capítulo proponho um encadeamento dos acontecimentos diferente para compreender essa história.

[230] *A ditadura encurralada, op. cit.*, p. 481.

9.

DA DITADURA MILITAR À DEMOCRACIA LIBERAL

No Brasil, o *regime ditatorial-militar* durou 25 anos, de 1964 a 1989, teve seis governos – incluindo um governo civil – e sua história pode ser dividida em cinco grandes fases. A primeira fase, de *constituição* do regime, corresponde aos governos Castello Branco e Costa e Silva (de março de 1964 a dezembro de 1968); há uma segunda fase, de *consolidação* do regime ditatorial-militar que coincide com o governo Médici (1969-1974); há uma terceira fase, de *transformação* do regime (no governo Geisel: 1974-1979); uma quarta fase, de *desagregação* desse regime (no governo Figueiredo: 1979-1985); e, por último, a fase de *transição* do regime ditatorial-militar para um regime liberal-democrático (o governo Sarney: 1985-1989).

De início, três aspectos podem ser destacados nesse longo período. Primeiro, o processo de *distensão política* (Geisel), depois chamado *política de abertura* (Figueiredo) e, por fim, *transição política* (Sarney), foi *iniciado* pelos militares e não por pressão da sociedade civil, ainda que ela tenha influído, de maneira bastante decisiva, menos no curso e mais no ritmo dos acontecimentos. Segundo aspecto, esse processo teve sua natureza, andamento e objetivos *determinados* também pelos militares ou, mais exatamente, por uma de suas muitas correntes político-ideológicas. Por fim, ele correspondeu à obrigação dos próprios militares resolverem problemas internos à corporação e não a uma súbita conversão democrática de parte do oficialato "legalista"[231].

O controle estrito que as Forças Armadas exerceram sobre o sistema político e sua presença ostensiva na cena política acabaram por importar uma série de conflitos políticos e ideológicos para o interior do aparelho militar, subvertendo a hierarquia tradicional e as cadeias de comando daí derivadas. Assim, a transformação do "modelo político" brasileiro (na expressão de Cardoso[232]) não foi concebida originalmente "como uma volta dos militares aos quartéis, mas como a expulsão da política de dentro deles"[233].

A facção que recuperou o controle do governo depois da posse do general Geisel na presidência da República, em março de 1974 – facção marginalizada politicamente quando o general Costa e Silva se tornou, em 1967, comandante supremo da "Revolução"[234] –, possuía dois objetivos estratégicos, um político, outro militar: *i*) restabelecer a estrutura e a ordem no interior do estabelecimento militar, assim como *ii*) garantir maior estabilidade institucional e previsibilidade

---

[231] Geddes nota que "diferentes tipos de autoritarismo entram em colapso de modo caracteristicamente diferentes [...]. Um estudo de 163 regimes autoritários em 94 países oferece provas de que existem realmente diferenças entre os padrões de colapso [...]". Classificando os "regimes autoritários" em três subtipos, personalista, militar e de partido único, Geddes argumenta que "as transições do governo militar começam usualmente com divisões dentro da elite militar governante [...]. Há [...] um consenso na literatura quanto ao fato de que a maioria dos soldados profissionais valoriza mais a sobrevivência e a eficácia dos próprios militares do que qualquer outra coisa [...]. A maior parte da oficialidade se preocupa mais com a unidade das forças armadas do que com o controle ou não do governo por militares". Barbara Geddes, "O que sabemos sobre democratização depois de vinte anos?" *Opinião Pública*, vol.7, n. 2, 2001, pp. 221, 228, 232 e 235, respectivamente.

[232] Fernando Henrique Cardoso, *O modelo político brasileiro e outros ensaios*. 4ª. ed. São Paulo; Rio de Janeiro: Difel, 1979

[233] Luciano Martins, "A política (e os limites) da 'abertura'". *Ensaios de Opinião*, n. 15, 1979-1980, p. 22.

[234] Elio Gaspari, *A ditadura envergonhada*. São Paulo: Companhia das Letras, 2002.

política ao regime ditatorial. Para realizar a primeira dessas tarefas, a da disciplina interna, seria preciso afastar gradualmente as Forças Armadas do comando global da política nacional contendo as atividades dos setores de informação e repressão do Estado, reduzindo também, por essa via, uma das fontes de poder da facção rival. As mudanças impostas à organização e ao modo de funcionamento do aparelho do Estado, cujo traço mais saliente foi uma significativa centralização do poder na presidência da República, paralelamente a uma concentração do poder decisório no próprio presidente da República[235], visavam justamente enquadrar a extrema-direita fardada, transferindo para a cúpula do Executivo as decisões sobre perseguições, cassações, prisões e eleições.

A segunda tarefa, a da segurança do regime, equivalia a rever certos aspectos da fórmula política para institucionalizar um modelo político menos autoritário através da restauração progressiva de algumas liberdades civis mínimas. O objetivo final não era revogar o autoritarismo e instituir "a democracia", mas tornar progressivamente a ditadura militar menos conservadora politicamente[236].

O projeto militar original transformou-se num processo pendular, em que se revezaram períodos de maior e menor violência político-institucional, de acordo com uma lógica mais conjuntural que instrumental, traduzindo a dificuldade do governo Geisel em controlar todas as variáveis implicadas nessa transição de regime. A política de liberalização da ditadura militar brasileira continuou no governo Figueiredo (1979-1985) sob o nome de "abertura política", graças à normalização da atividade parlamentar (depois de fechado o Congresso em 1977) e à manutenção do calendário eleitoral com

---

[235] Adriano Codato, *Sistema estatal e política econômica no Brasil pós-64*. São Paulo: Hucitec, 1997.

[236] Para confirmar os propósitos não democráticos do projeto de liberalização do regime, ver a longa entrevista do general Geisel ao CPDOC: Maria Celina D'Araújo e Celso Castro (orgs.). *Ernesto Geisel*. Rio de Janeiro: Editora Fundação Getúlio Vargas, 1997. Analisei essa entrevista no capítulo 7 ("A lógica militar da liberalização").

a revogação parcial das medidas de exceção (em 1978) e efetuadas a anistia política e uma reforma partidária (em 1979). A realização de eleições relativamente livres, nos anos setenta e oitenta, "geraram uma dinâmica própria"[237], levando o *processo* de transição a diferenciar-se, em alguma medida, do *projeto* militar original. Assim a relação entre votação e democratização da esfera política não foi casual[238], mas foi inesperada. As eleições, primeiro de senadores (em 1974) e depois de governadores (em 1982), influíram no curso dos acontecimentos ao acelerar o ritmo de transformação do regime, sem, todavia, mudar a sua direção conservadora. A "Nova República" (1985-1990), último governo, ainda que civil, do ciclo do *regime ditatorial-militar*, encerra esse longo período de transição ao estabelecer a hegemonia política do partido de oposição ao regime (em 1986), promulgar uma nova Constituição (em 1988) e realizar uma eleição popular para presidente (em 1989).

A década de noventa foi o período da consolidação do regime liberal-democrático. Esse processo compreende os governos de Collor de Mello (1990-1992), Itamar Franco (1992-1995) e Fernando Henrique Cardoso (1995-2002). A "consolidação democrática" deu-se em um quadro institucional peculiar. O cenário resultante da Constituição conjugou o presidencialismo como a forma de governo, o federalismo como a regra de relação entre o Estado central e as unidades subnacionais, a coalizão política como a fórmula de governabilidade, tudo isso apoiado sobre um sistema partidário fragmentado, pouco institucionalizado e demasiadamente regionalizado[239].

---

237 Olavo Brasil de Lima Jr., *Democracia e instituições políticas no Brasil dos anos 80*. São Paulo: Loyola, 1993, p. 39.

238 Bolívar Lamounier, "*Authoritarian Brazil* revisitado: o impacto das eleições na abertura política brasileira, 1974-1982". *Dados*, vol. 29, n. 3, 1986, pp. 283-317.

239 Scott Mainwaring, "Multipartism, Robust Federalism and Presidentialism in Brazil". *In:* S. Mainwaring & M. S. Shugart (eds.), *Presidentialism and Democracy in Latin America*. Cambridge: Cambridge University, 1997; Sérgio Henrique Abranches, "Presidencialismo de coalizão: o dilema institucional brasileiro". *Dados*, vol. 31, n. 1, 1988, pp. 5-33; Jairo Marconi Nicolau, "Multipartidarismo,

Essa combinação institucional – ou, para alguns, essa deformação institucional – conduziu no final das contas o processo de transição para o seguinte ponto: uma democracia eleitoral, um Executivo imperial e um regime congressual que atuou ora como colaborador, ora como sabotador das iniciativas do presidente, o ator central do sistema político.

O objetivo deste capítulo é refazer a história política nacional a partir de 1974 a fim de indicar as variáveis que influíram na configuração política e institucional do regime atual. Meu pressuposto aqui não é apenas que a "história conta", o que é um truísmo, mas que há relações causais entre o conteúdo, o método, as razões e o sentido da mudança política da ditadura brasileira para a democracia brasileira e isso imprimiu a marca (e os defeitos) dessa democracia.

Um modelo histórico de análise

Parece conveniente resumir a história brasileira recente em vista dos aspectos mais significativos da transição política (1974-1989) e da consolidação democrática (1989-2002) a fim de propor uma interpretação desse período. Tal recuo, diante de uma Ciência Política baseada em hipóteses gerais deduzida de tipologias abstratas de transições e de um modelo normativo de democratização, é indispensável para se transpor o ponto de vista puramente classificatório e tentar recuperar a dimensão histórica do processo político.

A vasta literatura especializada em transições políticas, surgida nos anos oitenta e noventa sob inspiração do paradigma institucionalista, promoveu uma alteração importante nas análises da mudança política na América Latina e no Leste da Europa. O modelo de referência

maiorias parlamentares e democracia: notas sobre o caso brasileiro". *In:* Eli Diniz (org.), *O desafio da democracia na América Latina*. Rio de Janeiro: IUPERJ, 1996; Fernando Luiz Abrucio, *Os barões da federação*: os governadores e a redemocratização brasileira. São Paulo: Hucitec, 1998.

dominante, de tipo macroestrutural, calcado em grandes variáveis explicativas econômicas e/ou sociais, viu-se questionado por uma abordagem que passou a enfatizar fatores *político-institucionais* para a compreensão da passagem do autoritarismo à democracia.

Essa geração de trabalhos, que pode ser agrupada sob o título de "transitologia"[240], possui três características que a distinguem das análises macro-orientadas: *i*) ênfase no estudo dos *atores políticos* – seus interesses, valores, estratégias etc. (em sintonia com a teoria da escolha racional e o individualismo metodológico; em oposição, portanto, a explicações classistas); *ii*) destaque para os *fatores endógenos* de cada país no estudo do curso do processo de transição (e não em fatores globais do tipo "transformações no processo de acumulação capitalista"); e *iii*) adoção de um *conceito minimalista* e pouco exigente de "democracia" (*à la* Schumpeter: a democracia é essencialmente um método de seleção de lideranças). Essa foi a forma para dar conta de uma série de casos bastante diferentes entre si. Talvez o ponto mais problemático dessas abordagens tenha sido seu excessivo conjunturalismo[241], sempre a reboque das incertezas das situações políticas nacionais e dos compromissos *ad hoc* dos atores estratégicos.

Em uma direção diferente daquela que retém unicamente o andamento da cena política e os fatores mais institucionais na explicação, penso que seja necessário sublinhar os condicionantes políticos e ideológicos que presidiram o processo de construção da democracia no Brasil. A dimensão histórica é considerada essencial nessa abordagem. A história política recente é o pano de fundo no longo e errático processo de construção de uma ordem liberal-democrática a partir do espólio do regime ditatorial-militar. Trata-se de chamar a atenção, portanto, para essa dimensão, quer por sua ausência em algumas

---

[240] O artigo de Stéphane Monclaire apresenta uma competente discussão dos estudos desse tipo. Ver "Democracia, transição e consolidação: precisões sobre conceitos bestializados". *Revista de Sociologia e Política*, n. 17, 2001, pp. 61-74.

[241] Elisa Pereira Reis, Fábio Wanderley Reis e Gilberto Velho, "As Ciências Sociais nos últimos 20 anos: três perspectivas". *Revista Brasileira de Ciências Sociais*, São Paulo, vol. 12, n. 35, 1997, pp. 7-28.

análises mais formalistas da transição/consolidação, quer pela presença incidental de certos fatos selecionados em algumas narrativas, reduzidos a meros exemplos apenas para ilustrar um postulado ou confirmar uma teoria.

A legitimidade da abordagem tipológica não está, obviamente, em questão. Ela é tão útil quanto as interpretações macrossociológicas inspiradas pela Sociologia Política. O que está em questão na verdade é *a natureza das variáveis* que integram a análise baseada em modelos. Mais ainda, o que se discute é se tais variáveis são ou não uma tradução, em nível abstrato, de elementos concretos produzidos historicamente. Assim, a perspectiva adotada por mim neste capítulo considera mais produtivo "determinar historicamente os aspectos abstratos arbitrariamente isolados para fins hermenêuticos e restituir aos protagonistas do processo político, sociologicamente concebidos como sujeitos já dados de interesses não especificados, sua concretude social, examinando-os em sua constituição e em sua evolução histórica"[242].

Para que se possa elaborar uma interpretação do período em questão, devemos apresentar um resumo dos fatos políticos, no sentido mais convencional desse termo. Essas ocorrências serão organizadas de acordo com uma nova proposta de periodização dos regimes, tanto o ditatorial como o democrático, em que o longo intervalo entre 1964 e 2002 é dividido em fases e as fases em etapas. Cada fase (que pode ou não se sobrepor, como em uma cronologia comum, a períodos de governo) corresponde efetivamente a um processo de constituição, consolidação, transformação etc. do modelo político. As etapas assinalam os momentos de virada no interior de cada fase e, também, entre uma fase e outra que, em geral, coincidem com crises políticas. Trata-se de uma indicação sumária dos intervalos do processo político, já que uma explicação efetiva desse período implicaria abordar cada conjuntura crítica e os momentos de ruptura desse contínuo.

---

[242] João Quartim de Moraes, "Alfred Stepan e o mito do poder moderador". *Filosofia Política*, vol. 2, 1985, pp. 163-199.

Em segundo lugar, são definidos os parâmetros de análise do processo político brasileiro de acordo com a história política brasileira. Pretendo sugerir que o programa militar de mudança política pode ser mais bem compreendido quando se tem presente a conexão entre quatro aspectos: *i*) o conteúdo, *ii*) a natureza, *iii*) as razões e *iv*) o significado da transição de um regime a outro.

Por fim, procura-se compreender o movimento político entre 1974 e 2002 a partir de dois parâmetros: *i*) as transformações na forma de Estado e *ii*) as evoluções da forma de regime. Cada uma dessas variáveis recobre um espaço político diferente. A primeira capta as modificações ocorridas nas relações de força entre os aparelhos e ramos do sistema estatal; a segunda, as disputas na cena político-partidária[243]. As análises neste ensaio são mais esboçadas que desenvolvidas, já que envolvem um espectro muito variado de matérias. Três temas procuram, ao final, unificar a narrativa: o *militar*, o *político* e o *burocrático*. O estilo ensaístico deste capítulo deriva não apenas do nível de abstração, visto que o foco são os grandes momentos, mas também de sua intenção principal: oferecer ao leitor um panorama global da história política brasileira recente.

A história política da transição brasileira

O golpe de 1964 assinalou uma modificação na função política dos militares no Brasil. A ação final contra a "democracia populista" (1946-1964) ou, como eles preferem, a "Revolução", trouxe duas novidades. Não se tratava mais de uma operação intermitente das Forças Armadas com um objetivo preciso, quase sempre o de combater a "desordem" (a política de massas), o "comunismo" (a política social) ou a "corrupção" (*i. e.*, a política propriamente dita), mas de uma intervenção permanente. A garantia política que as Forças Armadas

[243] Nicos Poulantzas, *Pouvoir politique et classes sociales*. Paris: F. Maspero, 1968.

emprestaram aos governos civis, notadamente no pós-1930, convertia-se agora em um governo *militar*. Há, de fato, uma mudança de regime político. Da mesma forma, não se tratava de mais um *pronunciamento*, em que um chefe militar de prestígio ou um grupo de oficiais se recusava a obedecer ao governo, mas de um movimento institucional das Forças Armadas[244]. Foi o aparelho militar, e não um líder político militar, que passou a controlar primeiramente o governo através do Executivo, depois o Estado e seus vários aparelhos e em seguida a cena política via manipulação das instituições representativas. Esse novo gênero de intervenção, mais burocrático e menos provisório, foi seguido, com algumas diferenças regionais, por todos os regimes militares da América do Sul – Brasil, Argentina, Chile e Uruguai – nas décadas de sessenta e setenta do século XX.

Se essa ação está na origem da autonomia do aparelho militar sobre o mundo civil depois de 1964, recorde-se que a presença dos oficiais na cena política nacional nunca foi novidade, principalmente depois da Revolução de 1930.

Contudo, as intervenções militares de 1937 (o golpe do Estado Novo) ou de 1945 (o golpe que põe fim ao Estado Novo) nada têm a ver com um suposto padrão moderador que as Forças Armadas desempenhariam em todas as crises políticas nacionais, mediando conflitos entre políticos civis desde a República[245]. Esse hipotético "padrão" corresponde, na verdade, a uma série específica de determinações históricas que são a fonte da autonomia política e da singularidade ideológica exibidas pelo estabelecimento militar. Elas se devem basicamente: *i*) à centralização do poder militar (em dois sentidos: da base para o topo do aparelho burocrático; da periferia para o centro

---

[244] Guillermo O'Donnell, *Reflexiones sobre las tendencias de cambio del Estado burocrático-autoritário*. Buenos Aires: CLACSO, 1975; Fernando Henrique Cardoso, "Da caracterização dos regimes autoritários na América Latina". *In:* David Collier (org.), *O novo autoritarismo na América Latina*. Rio de Janeiro: Paz e Terra, 1982.

[245] Alfred Stepan, *The Military in Politics*. Changing Patterns in Brazil. Princeton: Princeton University Press, 1971.

do sistema político); *ii*) à oscilação ideológica das cúpulas das Forças Armadas entre o getulismo em 1937 (i.e., o autoritarismo) e o antigetulismo entre 1945 e 1964 (i.e., o antipopulismo); *iii*) à aversão dos oficiais à política de massas, representada pelo incentivo à mobilização sindical e à exaltação nacionalista; e *iv*) à atitude dos militares em relação à democracia ou, mais exatamente, sua recusa não do princípio do sufrágio universal, mas de suas consequências práticas: os resultados eleitorais "errados" do período 1945-1964[246].

São precisamente essas determinações históricas que estão na base da intervenção das cúpulas das Forças Armadas no processo político em 1964. Cúpulas que justificam seu papel dirigente em função da crise política na década de sessenta, informam a estratégia de modificação do regime ditatorial nos anos setenta, modelam a forma de governo desejada ao final dessa modificação na década de oitenta e preservam sua autonomia política e institucional nos anos noventa. Essa autonomia, de resto, está na base da crise do regime que explodiu na intentona bolsonarista em 2023.

Do ponto de vista cronológico, a história política do regime ditatorial e da transição brasileira da ditadura militar para a democracia liberal pode ser assim descrita:

Fase 1: *constituição do regime político ditatorial-militar* (governos Castello Branco e Costa e Silva)

- etapa 1: março de 1964 (golpe de Estado) a outubro de 1965 (extinção dos partidos políticos)[247]
- etapa 2: outubro de 1965 (tornada indireta a eleição de Presidente da República) a janeiro de 1967 (nova Constituição)

---

[246] João Quartim de Moraes, "Alfred Stepan e o mito do poder moderador", *op. cit.*

[247] Mediante o Ato Institucional n. 2 (de 27 de outubro de 1965). O sistema pluripartidário (1945-1965) é transformado em bipartidário: um partido pró-regime, a Arena (Aliança Renovadora Nacional) e um partido de oposição ao regime, o MDB (Movimento Democrático Brasileiro).

- etapa 3: março de 1967 (posse de Costa e Silva) a novembro de 1967 (início da luta armada[248])
- etapa 4: março de 1968 (início dos protestos estudantis) a dezembro de 1968 (aumento da repressão política[249])

Fase 2: *consolidação do regime ditatorial-militar* (governos Costa e Silva e Médici)

- etapa 5: agosto de 1969 (Costa e Silva adoece; Junta Militar assume o governo) a setembro de 1969 (Médici é escolhido presidente da República[250])
- etapa 6: outubro de 1969 (nova Constituição) a janeiro de 1973 (refluxo da luta armada)
- etapa 7: junho de 1973 (Médici anuncia seu sucessor) a janeiro de 1974 (eleição congressual (indireta) de Geisel)

Fase 3: *transformação do regime ditatorial-militar* (governo Geisel)

- etapa 8: março de 1974 (posse de Geisel) a agosto de 1974 (anunciada a política de modificação ("distensão") do regime)
- etapa 9: novembro de 1974 (vitória do MDB nas eleições senatoriais) a abril de 1977 (Geisel fecha o Congresso Nacional)
- etapa 10: outubro de 1977 (demissão do Ministro do Exército) a janeiro de 1979 (revogação do Ato Institucional n. 5)

Fase 4: *desagregação do regime ditatorial-militar* (governo Figueiredo)

- etapa 11: março de 1979 (posse de Figueiredo) a novembro de 1979 (extinção dos partidos políticos Arena e MDB)

---

[248] Primeira ação da Aliança Libertadora Nacional (ALN) em São Paulo sob a direção de Carlos Marighella.

[249] Após a edição do Ato Institucional n. 5 (de 13 de dezembro de 1968).

[250] A "eleição" do sucessor de Costa e Silva foi feita a partir da consulta ao Alto Comando das Forças Armadas. Ver João Roberto Martins Filho, *O palácio e a caserna*: a dinâmica militar das crises políticas na ditadura (1964-1969). São Carlos: Editora da UFSCar, 1995, p. 184.

- etapa 12: abril de 1980 (greves operárias em São Paulo) a agosto de 1981 (Golbery pede demissão do governo)
- etapa 13: novembro de 1982 (eleições diretas para governadores dos estados; maioria oposicionista na Câmara dos Deputados) a abril de 1984 (derrotada a emenda das eleições diretas[251])
- etapa 14: janeiro de 1985 (vitória da oposição na eleição para presidente da República) a março de 1985 (posse de José Sarney)[252]

Fase 5: *transição*, sob tutela militar, *para o regime liberal-democrático* (governo Sarney)

- etapa 15: abril-maio de 1985 (falece Tancredo Neves; emenda constitucional restabelece eleições diretas para presidente da República) a fevereiro de 1986 (anunciado o Plano Cruzado contra a inflação)
- etapa 16: novembro de 1986 (vitória do PMDB nas eleições gerais) a outubro de 1988 (promulgada nova Constituição)
- etapa 17: março de 1989 (início da campanha para as eleições presidenciais) a dezembro de 1989 (Collor de Mello vence as eleições presidenciais)

---

[251] O ponto máximo da campanha pelo restabelecimento das eleições diretas para presidente da República, que começara em janeiro de 1984, em Curitiba, ocorreu em abril do mesmo ano quando um comício com as principais figuras de oposição ao regime reuniu quase 1 milhão de pessoas no Rio de Janeiro (no dia 10) e mais de um milhão em São Paulo (no dia 16). No dia 25, o Congresso Nacional rejeitou a Emenda Constitucional que previa eleições diretas já para o ano seguinte (1985). Para uma discussão da relação desses movimentos sociais com o processo de mudança do regime, v. o artigo de Alberto Tosi Rodrigues, "Ciclos de mobilização política e mudança institucional no Brasil". *Revista de Sociologia e Política*, n. 17, 2001, pp. 33-43.

[252] O PDS (Partido Democrático Social), agremiação política herdeira da Arena, dividiu-se em 1984 e a facção dissidente apoiou a candidatura Tancredo Neves para a presidência da República (tendo José Sarney como candidato a vice-presidente).

Fase 6: *consolidação do regime liberal-democrático* (governos Collor, Itamar Franco e Fernando Henrique Cardoso)

- etapa 18: março de 1990 (posse do presidente eleito diretamente, Fernando Collor de Mello; anunciado o Plano Collor I) a janeiro de 1991 (anunciado o Plano Collor II)
- etapa 19: dezembro de 1992 (impedimento do presidente Collor; o vice-presidente Itamar Franco assume a Presidência da República) a julho de 1994 (lançado o Plano Real)
- etapa 20: janeiro de 1995 (posse do presidente eleito, Fernando Henrique Cardoso) a junho de 1997 (aprovada a emenda que permite a reeleição do presidente da República e dos titulares dos poderes Executivos municipais e estaduais)
- etapa 21: janeiro de 1999 (posse do presidente reeleito, Fernando Henrique Cardoso) a outubro-novembro de 2000 (vitória dos partidos de oposição nas eleições municipais)
- etapa 22: julho de 2002 (início da campanha para as eleições presidenciais) a janeiro de 2003 (posse do presidente eleito, Luís Inácio Lula da Silva)

Essa periodização do cenário político fixa os limites temporais do regime ditatorial (1964-1974), do período de transição (1974-1989) e da consolidação de um novo regime nacional (1989-2002)[253]. Ela não indica, contudo, os traços mais significativos da política brasileira nessa temporada, nem permite estabelecer inferências causais que expliquem a sucessão de acontecimentos ou a passagem de uma fase a outra. Todavia, não é possível compreender a transição política e a consolidação democrática independentemente do processo político concreto. Este depende, por sua vez, da trajetória histórica nacional, assim como das condições históricas dadas em função dessa trajetória

[253] Sebastião Velasco e Cruz sugeriu uma periodização mais simplificada do regime, dividindo-o em ciclos a cada dez anos: *1964* (início: golpe de Estado); *1974* (inflexão: transição política); *1984* (fim: ápice do movimento oposicionista). Ver "As peripécias do quatro na política brasileira". *Lua Nova*, n. 64, 2005, pp. 39-45.

ou, na falta de um nome melhor, dos "contextos" e da interação entre os atores: no caso, as Forças Armadas (como agente político), o Estado (como organização institucional) e a Sociedade (como o conjunto de agentes sociais).

A interação desses três elementos – Forças Armadas, Estado e Sociedade – pode tornar-se meramente formalista caso não sejam tomados como unidades historicamente determinadas. Já se indicou acima a origem do poder do aparelho militar sobre as demais instituições e sua distância ideológica em relação à democracia "real". Não há espaço aqui para desenvolver os outros tópicos. Sublinhe-se apenas que uma compreensão mais extensa do "Estado" implica tomá-lo como feixe de instituições, organismos, aparelhos e agências burocráticas cuja configuração não é indiferente, de um lado, à evolução das relações de hierarquia e subordinação entre os diversos centros de decisão e, de outro, às articulações concretas desses aparelhos e de seus respectivos ocupantes com as classes e grupos sociais. Da mesma forma, a "Sociedade" resulta de um padrão específico de desenvolvimento capitalista ("um modelo de desenvolvimento" a partir de um "modo de produção"), graças à combinação peculiar, no âmbito de uma formação social concreta, entre a estrutura produtiva e a estrutura de classes[254].

Algumas variáveis de análise política

A análise da dinâmica política da transição exige que se respondam a pelo menos quatro perguntas básicas:

i) *o que muda?* Isto é: que instituições políticas são suprimidas, restauradas ou transformadas nesse processo de evolução política?

---

254 Ver Sérgio Henrique Abranches, "Uma perspectiva de análise política estrutural". *Dados*, n. 20, 1979, pp. 47-69 e Luciano Martins, *Estado capitalista e burocracia no Brasil pós-64*. Rio de Janeiro: Paz e Terra, 1985.

ii) *como muda?* Isto é: qual a natureza do processo que governa a mudança?
iii) *por que muda?* Ou seja: quais as razões da substituição de um modelo político por outro?
iv) *em que direção muda?* Ou seja: qual o significado mais amplo que se pode atribuir à mudança política?

A primeira pergunta – o que muda no regime ao longo do tempo? – pede que se defina a natureza (conservadora, liberal ou radical) e a amplitude (maior ou menor) das transformações político-institucionais introduzidas no modelo político pela elite militar dirigente. Dessa perspectiva, a abordagem do problema está colada à história política, mas não se reduz a uma simples crônica dos acontecimentos sob a forma de um resumo explicativo[255]. No sentido próprio do termo, não é uma "cronologia" (*i.e.*, uma disposição dos fatos numa sequência temporal do tipo um depois do outro), mas uma *periodização*: uma subdivisão temporal do espaço político que diz respeito à ação aberta ou velada das classes sociais e dos grupos políticos e militares. Essa periodização geral deve ser complementada por uma periodização especificamente política, o que implica em dispor diferentes regimes políticos através do tempo, regimes esses que são ligados à luta partidária na cena política[256]. No caso dos regimes de ditadura militar há, no mínimo, duas complicações importantes: as classes não são os únicos atores do processo político (e nem os mais importantes) e os partidos tendem a perder sua função de representação, que é transferida para

[255] J.-F. Bayart ("L'analyse des situations autoritaires: étude bibliographique". *Revue Française de Science Politique*, vol. 26, n. 3, 1976, pp. 483-520) classifica três histórias do regime autoritário brasileiro assim: Thomas Skidmore, *Politics in Brazil*, 1930-1964. An Experiment in Democracy. New York: Oxford University, 1967; R. M. Schneider, *The Political System of Brazil*: Emergence of a Modernizing Authoritarian Regime, 1964-1970. New York: Columbia University, 1971; e G. A. Fiechter, *O regime modernizador do Brasil*: 1964-1972. Rio de Janeiro: Fundação Getúlio Vargas, 1974.

[256] Cf. Nicos Poulantzas, *Pouvoir politique et classes sociales, op. cit.*

o aparelho de Estado. Essa transferência comporta também algumas dificuldades e complexidades, o que explica a concorrência entre setores das Forças Armadas e a elite estatal civil (os "tecnocratas"). Em resumo, ficamos assim: as cúpulas das Forças Armadas se incumbem das questões políticas e ideológicas e a elite estatal (civil) das questões de economia[257].

Assim, uma periodização mais completa e rigorosa que a feita aqui deveria abranger as transformações no sistema estatal (os deslocamentos dos centros de poder, as alterações nas suas hierarquias respectivas, bem como seu grau de militarização) e as evoluções e involuções institucionais da cena política (a ampliação ou restrição das liberdades e sua influência tanto sobre os movimentos da sociedade civil, quanto da dinâmica partidária). Esses dois níveis ou regiões do espaço político não são apenas correlatos, mas se determinam mutuamente. Não se compreende a introdução de certas instituições e práticas liberais sem ter presente, por exemplo, a alteração nas correlações de força entre os aparelhos e seus respectivos controladores que integram o sistema estatal. O governo Geisel – e o domínio do presidente sobre a Presidência – é o melhor caso disso que se quer dizer[258].

A segunda pergunta – como muda o regime? – equivale à exposição do processo político com ênfase principalmente na ação dos atores estratégicos[259] e na reação dos outros atores diante da ação dos primeiros. Conforme Martins, trata-se de saber quem detém a *iniciativa* do processo, quem detém o *controle* sobre ele (uma vez que, da primeira, não se segue o segundo, como seria óbvio), como se dá o arranjo ou se costuram as coalizões políticas que levam à evolução do programa de mudança e qual é, dentre os projetos políticos de transformação do

---

[257] Esse ponto é mais bem explicado no capítulo 5 ("A política econômica e o papel das Forças Armadas").

[258] Para mais detalhes aqui, ver o capítulo 7 ("A lógica militar da liberalização").

[259] Luciano Martins, "A política (e os limites) da 'abertura'", *op. cit.*, pp. 20-21.

regime, o preponderante[260]. A narrativa aqui obedece à lógica da causa e efeito. Mas é sempre arriscado isolar uma variável independente que seja capaz de explicar todo o processo político. Como há sempre uma interação não apenas entre os atores políticos e os agentes sociais, mas também entre esses atores e as instituições políticas, e uma vez que suas respectivas performances dependem justamente dessa interação, seria prudente pensar na interdependência de uma série de variáveis (políticas, econômicas, sociais, ideológicas etc.) e na mudança ao longo do tempo da natureza, importância e significado dessas mesmas variáveis[261]. Não basta indicar que a autorreforma do regime resultou de uma decisão do presidente militar para enquadrar a burocracia militar, como parece ser o caso da compreensão de Gaspari sobre esse processo[262]. Posto em movimento, o processo de reforma do regime ditatorial-militar tende a superar (para o bem ou para o mal) o projeto original.

A terceira pergunta – por que o regime muda? – remete ao entendimento das contradições do próprio modelo e suas dificuldades de legitimação política, organização interna e evolução institucional. Esses não são, obviamente, problemas simples nem para os analistas da política ditatorial, nem para os constitucionalistas da política ditatorial. A natureza e amplitude da mudança estão condicionadas ao tipo de resposta que a elite detentora da iniciativa lhes dá.

---

[260] Luciano Martins, "A 'liberalização' do regime autoritário no Brasil". *In:* Guillermo O'Donnell, Phillipe Schmitter e Lawrence Whitehead (orgs.), *Transições do regime autoritário*: América Latina. São Paulo: Vértice, 1988, p. 113.

[261] Couto sugere um modelo bastante complexo para entender o processo de transição política e econômica no Brasil na década de noventa. Ele argumenta que se deve integrar na análise do sistema político três dimensões simultaneamente: as instituições (e suas mudanças), os atores (e suas conversões) e o contexto político-social que em cada conjuntura é diferente. Ver Claudio Couto, "A longa constituinte: reforma do Estado e fluidez institucional no Brasil". *Dados*, vol. 41, n. 1, 1998, pp. 51-86.

[262] Ver Elio Gaspari, *A ditadura derrotada*. São Paulo: Companhia das Letras, 2003; e *A ditadura encurralada*. São Paulo: Companhia das Letras, 2004. No capítulo 8 ("Generais-estadistas e estadistas-generais na política brasileira") discuto a interpretação de Gaspari sobre a distensão política e o papel de Geisel-Golbery.

O problema da legitimação do regime militar está posto desde seu primeiro dia. Os governos militares devem estimular um "consenso ativo", o que envolveria algum grau de mobilização social com todos os riscos aí implícitos, ou devem apoiar-se num "consenso passivo", isto é, tácito, como nas democracias liberais?[263]

O problema da evolução institucional tem, à primeira vista, duas faces. Uma que se refere ao Estado e seus ocupantes, outra que se refere à sociedade civil e seus movimentos.

Esquematicamente, a primeira dimensão está ligada à controvérsia sobre a nova função da Presidência da República (quais os limites de suas prerrogativas?) e sobre a sucessão presidencial (como escolher o sucessor do general?). Deveria a Presidência ser o *locus* de coordenação política e supervisão ideológica de todo o sistema estatal, ficando os ministérios, conselhos e comissões com a função executiva propriamente dita? Esse parece ter sido seu figurino no governo Médici. Ou ela deveria ser o aparelho que, de fato, concentra o poder de Estado, como no governo Geisel? O presidente da República deveria ser considerado mero delegado da Revolução ou o comandante supremo das Forças Armadas?[264] Visto que o regime não criou uma regra clara para a rotatividade no poder, nem assumiu, para fins de consumo interno e externo, a figura do "ditador", como no caso do Chile, o conflito em torno da sucessão tendeu a ser sempre o mais agudo e difícil de todo o período militar[265].

Já do lado da sociedade, a evolução institucional do regime está diretamente ligada num primeiro momento à repressão (tanto seu grau, quanto seus clientes preferenciais). Em seguida, o ponto central

---

[263] Esse tópico foi discutido por Linz a propósito da Espanha de Franco. Ver Juan Linz, An Authoritarian Regime: The Case of Spain. *In:* E. Allard & Y. Littunen (eds.), *Cleavages, Ideologies, and Party Systems*. Helsinki: Westermark Society, 1964. Cardoso prefere falar em "autenticação" do regime e não em legitimação política. *O modelo político brasileiro e outros ensaios, op. cit.*

[264] Para uma discussão particularmente ilustrativa desse último problema, v. Gaspari, *A ditadura encurralada, op. cit.*

[265] Ver João Roberto Martins Filho, *O palácio e a caserna, op. cit.*

do processo passa a ser a liberalização. Uma vez abolida a censura, liberados os presos políticos, concedida a anistia aos exilados, garantido o *habeas corpus*, revogado o bipartidarismo, até onde a oposição legal poderia ir? Quais os limites da contestação? O que seria, do ponto de vista do grupo militar que dirige a transformação do regime, inegociável?

A questão da organização interna é, naturalmente, o problema do arranjo específico do sistema institucional dos aparelhos do Estado. Como *ordenar* e posteriormente *coordenar* a relação entre as partes civil e militar do sistema estatal? Como forjar uma nova estrutura de autoridade? Com base em que critérios recrutar a elite estatal? Como organizar o processo decisório? Qual o limite da influência dos militares sobre as questões políticas? Problemas tão mais delicados ao se observar que, sob a hipertrofia do Estado nos regimes ditatorial-militares, se desenvolvem uma série quase infinita de desajustes administrativos e distorções organizacionais. Pelo lado da burocracia: indefinição de fronteiras funcionais formais entre os ramos do Estado; sobreposição de funções, fonte praticamente inesgotável de conflitos burocráticos; expansão de prerrogativas e extravasamento das esferas de competência, que geram novos focos de atrito; acirramento da competição interburocrática desencadeada pelo movimento de conquista de espaços políticos e novos recursos de poder por parte de determinadas agências; transformação das agências ministeriais em *loci* de representação de interesses; etc. Pelo lado dos burocratas: estreitamento de vínculos com aliados "externos" (sociais) como mecanismo de suporte amplamente utilizado no jogo interno de poder; articulação de alianças entre segmentos do aparelho burocrático e suas clientelas, gerando arenas privilegiadas e um estilo personalista de gestão; etc.[266]

---

[266] Para uma visão geral dessas questões, ver Luciano Martins, *Estado capitalista e burocracia no Brasil pós-64*, *op. cit.* Para a análise de alguns casos, v. O. B. de Lima Júnior e S. H. Abranches, *As origens da crise*: Estado autoritário e planejamento no Brasil. São Paulo: Vértice, 1987. Para uma discussão referida ao

A última pergunta – qual a direção da mudança política? – exige que se distingam certas alterações de grau que podem ser introduzidas *no* regime político, sem implicarem a transformação *do* regime no seu oposto (uma mudança de natureza, por assim dizer). A cúpula militar que dirige o processo de transição tem todo o interesse apenas na primeira alternativa. Ela equivale à *institucionalização do regime ditatorial*, mas sob outra forma política. Trata-se, paradoxalmente, de um autoritarismo sem ditadura aberta. O fundamental é que o processo decisório continue centralizado no poder Executivo, os militares continuem controlando, mesmo à distância, os centros de poder real, a atividade dos partidos políticos fique restrita aos períodos eleitorais, o poder do Legislativo permaneça pouco mais que ornamental e, como lembrou Martins, a expressão da "vontade popular" não implique qualquer tipo de participação autônoma da sociedade[267].

O passo para se institucionalizar o autoritarismo, no sentido acima, não significa, porém, que o regime ditatorial era pouco ou nada institucionalizado, mas que o arranjo institucional em vigor não era funcional nem estável, daí as crises políticas frequentes (1965, 1968, 1974, 1977, 1981 etc.), e que ele deveria ser reformado para suportar essas crises, sem que isso implicasse uma regressão "populista" ao pré-1964 ou um real avanço democrático.

Esses não são, evidentemente, os únicos parâmetros da análise histórica da história política do regime. Mesmo as saídas às questões formuladas não podem, naturalmente, ser elaboradas em poucas páginas. Seja como for, talvez algumas respostas possam servir de fio condutor para se compreender o sentido mais geral da cronologia esboçada e identificar certos determinantes históricos para explicar a substituição do regime autoritário pelo autoritarismo, conforme a hipótese que sustento neste ensaio.

---

tema da "transição", ver Eli Diniz e Renato Boschi, A consolidação democrática no Brasil: atores políticos, processos sociais e intermediação de interesses. *In:* Eli Diniz, Renato Boschi e Renato Lessa (orgs.). *Modernização e consolidação democrática no Brasil*: dilemas da Nova República. São Paulo: Vértice, 1989.

[267] Luciano Martins, "A política (e os limites) da 'abertura'", *op. cit.*, p. 31.

A dinâmica da abertura política no Brasil

O pressuposto mais geral para a análise do movimento de abertura política no Brasil consiste em que a revogação dos regimes políticos ditatoriais e o restabelecimento de formas de governo democráticas, semidemocráticas ou semiditatoriais não são alcançadas necessariamente por sua derrubada mediante um golpe de Estado ou pela ascensão do movimento popular[268]. Ela pode resultar também, como no caso do Brasil, de processos evolutivos de mudança. Schmitter sugere que a transição para a democracia implica duas possibilidades: *i*) ou há uma transferência de poder dos militares para os políticos *aliados* ao regime; *ii*) ou há uma submissão negociada dos militares aos políticos da *oposição moderada* ao regime[269]. No caso do Brasil, houve um pouco das duas coisas, sem que houvesse realmente uma delas. Os militares não transferiram todo o poder ao partido do governo (a Arena e depois PDS). Eles conservaram posições estratégicas no Estado e a capacidade de vetar certas iniciativas dos políticos civis em temas constitucionais e institucionais. A conciliação promovida pela elite política foi tão ampla que, uma vez derrotada a alternativa para a transformação do modelo político pela via eleitoral direta em 1984, tanto representantes do regime quanto opositores do regime formaram o primeiro governo civil, após a aprovação das Forças Armadas[270].

É conveniente reparar que o restabelecimento de formas democráticas de governo é apenas um dos resultados possíveis da transformação

[268] Ver Nicos Poulantzas, *La crise des dictatures*. Portugal, Grèce, Espagne. Paris: F. Maspero, 1975.

[269] Ver Guillermo O'Donnell e Philippe Schmitter, *Transições do regime autoritário*: primeiras conclusões. Rio de Janeiro: Vértice, 1988.

[270] Vencido o movimento pela restauração do sufrágio popular para presidente, o Colégio Eleitoral reuniu-se em 15 de janeiro de 1985 e elegeu Tancredo Neves (PMDB) por 480 votos, contra 180 dados a Paulo Maluf (PDS). Tancredo adoeceu, não assumiu e em seu lugar tomou posse da Presidência da República em 15 de março de 1985 José Sarney, ex-líder do partido de apoio à ditadura.

política dos regimes autoritários[271]. Como já observado por Moisés, "as transições de regime 'não democráticos' nos anos 70 e 80 [...] começaram como transições do autoritarismo para 'outra coisa', mas não há nada que assegure que essa 'outra coisa' [seja] necessariamente um regime democrático"[272]. A tentação da teleologia, presente em alguns estudos que pretendem identificar na transição política uma trajetória em direção a um ponto que, *de qualquer forma*, seria a realização plena da democracia liberal, parece enganoso em pelo menos dois sentidos. De um lado, porque certos analistas pressupõem que o objetivo estratégico dos militares que dirigem o processo era "restabelecer a democracia". De outro, porque igualmente se eximem de estimar os "restos" de autoritarismo nas instituições do novo regime e avaliar se e como eles podem afetar a estrutura institucional e a dinâmica política democrática.

O conteúdo da mudança política: instituições liberais, práticas autoritárias

O projeto original da facção militar que passou a controlar o processo político após 1974, representada pelas figuras dos generais Ernesto Geisel e Golbery do Couto e Silva (os "castellistas"[273]),

---

[271] Luciano Martins, "A 'liberalização' do regime autoritário no Brasil", *op. cit.*, p. 108.

[272] José Álvaro Moisés, "Entre a incerteza e a tradição política: uma crítica da primeira geração de estudos da transição". *Novos Estudos Cebrap*, vol. 40, 1994, p. 88.

[273] Adeptos do Marechal Castello Branco, primeiro presidente do regime ditatorial brasileiro. Os "castellistas" são comumente associados, de maneira equivocada, a posições "liberais", enquanto seus opositores nas Forças Armadas, a "linha dura", são associados a posições "radicais". Mais fiel aos fatos, uma divisão desses grupos deveria associar os primeiros à institucionalização do regime e, os últimos, à administração da repressão. Foram exatamente os "liberais" do Exército que criaram o Serviço Nacional de Informações (em junho de 1964), editaram o Ato Institucional n. 2 (em outubro de 1965), que suprimiram os

foi muito mais de mudança política que de transformação política. A variante adotada deveria comportar uma liberalização do regime ditatorial, mas não necessariamente a democratização do sistema político[274]. Na Espanha, enquanto a transição democrática seguiu uma via condicional – cada instituição democrática introduzida no sistema político exigia (isto é, condicionava) outra –, no Brasil a via da mudança política foi sequencial: certos direitos liberais clássicos foram sendo reintroduzidos de acordo com uma estratégia incremental e moderada, sob a direção do governo e com a colaboração da oposição "responsável", a fim de se evitarem os riscos de uma regressão autoritária[275]. Em que pese a diferença entre Brasil e Espanha, Share e

---

partidos políticos e tornaram indiretas as eleições presidenciais; foi essa linha "moderada" também que promulgou uma nova Constituição (em janeiro de 1967) e fechou o Congresso Nacional (em abril de 1977), introduzindo uma série de mudanças ("casuísmos", segundo a expressão da época) na legislação eleitoral. Oliveiros Ferreira propõe uma outra divisão entre as duas principais correntes político-ideológicas das Forças Armadas: o "estabelecimento militar", *i.e.*, aqueles que agiriam de acordo com a legalidade constitucional, e o "partido fardado", *i.e.*, aqueles militares dispostos a intervir na política para estabelecer a lei e a ordem constitucional. Ver *Vida e morte do partido fardado.* São Paulo: Serviço Nacional de Aprendizagem Comercial, 2000.

[274] Ver Alfred Stepan, Introdução. *In*: Alfred Stepan (org.), *Democratizando o Brasil.* Rio de Janeiro: Paz e Terra, 1988, pp. 12-13. Para a diferença entre os dois processos e suas possibilidades de interação, v. Guillermo O'Donnell e Philippe Schmitter, *Transições do regime autoritário*: primeiras conclusões, *op. cit.*

[275] Thomas Skidmore, *The Politics of Military Rule in Brazil*, 1964-85. Oxford: Oxford University, 1988, pp. 323-325. O desenho mais geral desse programa reformista pode ser lido em Wanderley Guilherme dos Santos. Em um artigo intitulado "Estratégias de descompressão política", Santos enfatizou a necessidade de retomarem-se certos direitos liberais clássicos, sob uma estratégia gradual e moderada, com a cooperação da oposição, de modo a evitar os riscos de um retrocesso político. Ver *Poder e política*: crônica do autoritarismo brasileiro. Rio de Janeiro: Forense-Universitária, 1978, pp. 143-211. A primeira medida deveria ser a eliminação da censura e a garantia da liberdade de expressão. Para uma análise concreta dos mecanismos de funcionamento da censura no Brasil durante o regime, ver Glaucio Ary Dillon Soares, "Censura durante o regime autoritário". *Revista Brasileira de Ciências Sociais*, vol. 4, n. 10, 1989, pp. 21-43.

Mainwaring traçaram um paralelo útil entre os dois países no que diz respeito ao modo da mudança política, chamado por eles "transição pela transação", enfatizando o caráter negociado de todo o processo[276].

O propósito do governo do general Geisel foi promover uma "distensão", isto é, um relaxamento dos controles políticos impostos à sociedade. A censura prévia foi parcialmente suspensa, os resultados eleitorais, depois de algumas manipulações das regras[277], foram admitidos, os protestos dos empresários contra o modelo econômico foram, embora com reservas, tolerados e as inesperadas reivindicações operárias, surgidas a partir de 1978, foram um efeito não antecipado da ação liberalizante. Esse projeto foi mantido no governo Figueiredo sob o nome de "política de abertura", com lances controversos e sob oposição da extrema-direita militar. Concluída no fim do governo Sarney, a "transição política" (de 1974 a 1989) foi peculiar: ela durou, ironicamente, mais que o regime propriamente dito (1964-1974). Sua principal característica foi o continuísmo excepcional do autoritarismo[278] nas instituições do governo civil que deveria, afinal, ser "de transição". Stepan e Linz sugeriram que "a duração incomum da transição brasileira", quando comparada com a de outros países, está

---

[276] Cf. Donald Share Scott Mainwaring, "Transição pela transação: democratização no Brasil e na Espanha". *Dados*, vol. 29, n. 2, 1986, pp. 207-236. Fabiano Santos demonstrou que, por caminhos semelhantes, o resultado das duas transições foi o mesmo: predomínio do poder Executivo sobre o Legislativo. Ver "Escolhas institucionais e transição por transação: sistemas políticos de Brasil e Espanha em perspectiva comparada". *Dados*, vol. 43, n. 4, 2000, pp. 637-669. Uma comparação entre a redemocratização na Espanha, Brasil e Argentina pode ser lida em Schmidt, "Trajetórias críticas e reconstrução política na Espanha, Argentina e Brasil". *Sociedade e Estado*, vol. 5, n. 2, 1990, pp. 175-191.

[277] Para compreender a série de "casuísmos" que alteraram o processo político graças à manipulação do sistema eleitoral (cujos resultados nem sempre foram favoráveis ao regime ditatorial), v. David Fleischer, "Governabilidade e abertura política: as desventuras da engenharia política no Brasil, 1964-84". *Revista de Ciência Política*, vol. 29, n. 1, 1986, pp. 12-39.

[278] Ver Luciano Martins, "A 'liberalização' do regime autoritário no Brasil", *op. cit.*

relacionada "ao fato de que o regime autoritário [...] era hierarquicamente controlado por uma organização militar que detinha poder suficiente para controlar o ritmo da transição e para extrair um alto preço por se retirar do poder"[279].

Esse é, basicamente, o lado político da estratégia. Há que se considerar também seu lado militar. Uma das tarefas mais importantes e difíceis na mudança da fórmula política foi o desengajamento gradual das Forças Armadas da condução cotidiana dos negócios de Estado e seu retorno à condição usual de guardiã da ordem interna. Um dos principais ingredientes dessa política foi o fortalecimento do presidente da República e a afirmação de sua autoridade sobre os vários grupos e facções da própria corporação militar, em especial aqueles que controlavam os órgãos de segurança e que haviam conquistado ampla liberdade ou "autonomia operacional" nos governos anteriores agindo como um poder paralelo dentro do Estado[280]. Outra peculiaridade da mudança: a vitória do presidente militar sobre a corporação militar deu-se mediante um acréscimo de autoritarismo, e não seu contrário. Daí que a demissão do Ministro do Exército Sylvio Frota, em outubro de 1977, tenha sido um dos lances mais influentes desse processo[281] a ponto de indicar a própria forma da mudança política.

---

[279] Juan Linz e Alfred Stepan, *A transição e consolidação da democracia*: a experiência do Sul da Europa e da América do Sul. São Paulo: Paz e Terra, 1999, p. 205. Stepan foi o primeiro autor a sugerir a importância da manutenção de "enclaves autoritários" no aparelho do Estado (dirigidos pelos militares) mesmo após a vigência do que a maioria dos autores chama de "democracia", *i.e.*, o governo Sarney. Ver *Os militares*: da abertura à Nova República. Rio de Janeiro: Paz e Terra, 1986. Para mais informações sobre a possibilidade de supervisão do processo constituinte pelas Forças Armadas (1987-1988), v. Jorge Zaverucha e Helder Teixeira, "Présence et ingérence des militaires dans la politique brésilienne (1964-2004): une synthèse bibliographique". *Lusotopie*, n. 12, 2004, pp. 399-413.

[280] Ver João Quartim de Moraes, *Les militaires et les régimes politiques au Brésil de Deodoro à Figueiredo, op. cit.*, p. 771; e Elio Gaspari, A ditadura escancarada. São Paulo: Companhia das Letras, 2002.

[281] Ver Elio Gaspari, *A ditadura encurralada*. São Paulo: Companhia das Letras, 2004. O general Geisel venceu as três crises militares de seu governo:

O método de mudança política: centralização e controle

A legenda do governo Geisel foi a promoção de uma distensão política "lenta, gradual e segura". Esse procedimento deveria ser suficientemente arrastado para que não pudesse ser interpretado como uma involução da "Revolução", servindo de pretexto à contestação aberta da extrema-direita, militar e civil. Ele também deveria ser gradual, isto é, progressivo e limitado, pois não poderia abrir caminho a uma ofensiva oposicionista que conduzisse à uma ruptura democrática[282]. E deveria ser controlado pelo próprio presidente da República uma vez que as duas tarefas anteriores exigiam supervisão estrita tanto dos movimentos políticos da direita militar como da esquerda parlamentar. Só assim se entende o sentido da estratégia pendular de Geisel, ora à direita (cassações de opositores do regime), ora à esquerda (manutenção do calendário das eleições parlamentares)[283].

Todavia, o projeto original de liberalização do regime ditatorial não foi idêntico ao processo político que ele desencadeou. Uma vez iniciado, o movimento adquiriu lógica própria e as várias crises nos governos Geisel e Figueiredo dizem respeito tanto à tentativa dos generais-presidentes de reafirmarem seu controle sobre o processo, quanto da oposição civil e militar de alterar o projeto em diferentes direções. A complicação era mais ou menos a seguinte: se a "distensão

---

demitiu o comandante do II Exército (1976), exonerou o Ministro do Exército (1977) e aceitou imediatamente o pedido de dispensa do Chefe da Casa Militar (1978). Sobre o tema, v. Eliézer Rizzo de Oliveira, "Conflits militaires et décisions sous la présidence du Général Geisel". *In:* Alain Rouquié (dir.), *Les partis militaires au Brésil*. Paris: Fondation Nationale Des Sciences Politiques, 1980.

[282] João Quartim de Moraes, *Les militaires et les régimes politiques au Brésil de Deodoro à Figueiredo, op. cit.*, pp. 766-767.

[283] O general Golbery do Couto e Silva, principal assessor do presidente Geisel, descreveu esse processo com uma metáfora. As sucessivas modificações do sistema político para adaptar-se aos conflitos embutidos na dinâmica da transição poderiam ser consideradas perfeitamente naturais, à maneira de "sístoles" e "diástoles". Ver *Conjuntura política nacional*: o poder Executivo & Geopolítica do Brasil. Rio de Janeiro: J. Olympio, 1981.

política", sob a tutela dos militares, era a única forma imaginada pela elite no poder para resolver as contradições do aparelho militar e do próprio regime militar, a "abertura política" terminou permitindo a intervenção do empresariado nacional, das camadas médias e dos trabalhadores no jogo político. Logo, as fases e etapas indicadas na periodização não podem ser reduzidas exclusivamente à dinâmica política específica do aparelho militar (suas lutas internas, guerras ideológicas ou disputas entre personalidades[284]).

Em grande medida, a periodização do regime ditatorial corresponde também a três rearranjos: *i*) à nova geografia que se estabeleceu entre políticos e militares, em que as eleições são o melhor indicador para se apurar o grau crescente de importância dos civis na cena política; *ii*) à redefinição das relações de força entre as classes sociais, em que a passagem da posição hegemônica de uma fração de classe (capital industrial multinacional e nacional associado) a outra (capital bancário) é ilustrativa das novas contradições entre governo e empresariado[285]; e *iii*) à redefinição das relações de forças entre grupos socioprofissionais e o estabelecimento militar atestada pelos protestos crescentes de trabalhadores e profissionais de classe média (advogados por meio da OAB, jornalistas por meio da ABI etc.). Ainda que indiretamente, as greves e a ascensão dos movimentos sociais traduzem o ritmo do "renascimento da sociedade civil".

Os dados das votações para o legislativo estadual e federal ilustram a evolução da oposição parlamentar sugerindo sua crescente importância no sistema político.

---

[284] Para uma boa visão dessa questão, v. Eliézer Rizzo de Oliveira, *De Geisel a Collor*: Forças Armadas, transição e democracia. Campinas: Papirus, 1994. Nos livros de Elio Gaspari há uma história detalhada das contradições presentes no interior da instituição militar. Essa é, segundo o autor, a principal variável explicativa da transição.

[285] Para um balanço crítico da literatura a respeito dos conflitos entre a burguesia brasileira e o poder Executivo militar, v. Adriano Nervo Codato, "A burguesia contra o Estado? Crise política, ação de classe e os rumos da transição". *Revista de Sociologia e Política*, n. 4-5, 1995, pp. 55-87.

Mantidas pelo regime as instituições da democracia representativa clássica (partidos, parlamentos e eleições)[286], o entendimento da transformação do sistema político tem de passar necessariamente pela análise da influência da dinâmica eleitoral sobre o processo político nas décadas de setenta e oitenta. As Tabelas 1 e 2 resumem os resultados das eleições legislativas no Brasil entre 1966 e 1986. Se dividirmos os votos em duas correntes opostas, "situação" (Arena) e "oposição" (MDB), teremos o seguinte:

Tabela 1. **Resultados das eleições legislativas por partido político (Brasil, 1966-1982 – em %)**

	Senado Federal			**Câmara dos Deputados**			**Assembleias Estaduais**		
Anos	Arena	MDB	B&N	Arena	MDB	B&N	Arena	MDB	B&N
1966	44,7	34,2	21,2	50,5	28,4	21	52,2	29,2	18,6
1970	43,7	28,6	27,7	48,4	21,3	30,3	51	22	26,8
1974	34,7	50	15,1	40,9	37,8	21,3	42,1	38,8	18,9
1978	35	46,4	18,6	40	39,3	20,7	41,1	39,6	19,3
1982*	36,5	50	13,5	36,7	48,2	15,1	36	47,2	16,8

Legenda: Arena: Aliança Renovadora Nacional; MDB: Movimento Democrático Brasileiro; B&N: votos brancos e nulos.

* Os votos do PDS foram artificialmente incluídos na coluna "Arena" e os da oposição ao regime (Partido do Movimento Democrático Brasileiro (PMDB), Partido dos Trabalhadores (PT), Partido Democrático Trabalhista (PDT), Partido Trabalhista Brasileiro (PTB)), na coluna "MDB".

Fonte: organização própria a partir dos dados do Tribunal Superior Eleitoral.

---

286 O'Donnell e Schmitter afirmam que o regime brasileiro "não presenciou qualquer tentativa séria de *criação* de instituições autoritárias"; os militares governaram "recorrendo amplamente à *distorção* e não à *destruição* das instituições básicas da democracia política". Ver *Transições do regime autoritário*: primeiras conclusões, *op. cit.*, p. 46, sem grifos no original.

Tabela 2. **Resultados das eleições legislativas, por partido político e votos válidos (Brasil, 1986 – em %)**

	Senado Federal			Câmara dos Deputados			Assembleias Estaduais		
Ano	"Arena"	"MDB"	outros	"Arena"	"MDB"	outros	"Arena"	"MDB"	outros
1986**	18,4	81,6	-	29,5	68,3	1,7	30,4	66,2	3,4

** Os votos do PDS-Partido Progressista Renovador (PPR), Partido da Frente Liberal (PFL), Partido Liberal (PL) e Partido Democrata Cristão (PDC) foram incluídos na coluna "Arena" e os dos partidos de oposição ao regime (PMDB, PT, PDT, PTB, Partido Socialista Brasileiro (PSB), Partido Comunista Brasileiro (PCB) e Partido Comunista do Brasil (PCdoB)) foram incluídos na coluna "MDB". Essas agremiações, MDB e Arena, foram extintas em 1979.

Fonte: Nicolau (1998, p. 56-58, 95, 173-175).

O que deveria ser apenas uma fachada liberal para o regime ditatorial converteu-se num poderoso elemento de dinamização do programa da transição, em especial no início dos anos oitenta. Uma inspeção ligeira nesses números permite ao menos quatro conclusões: *i*) a votação do partido da situação é, ao longo do tempo, inversamente proporcional à do partido da oposição; *ii*) ainda que o ritmo do crescimento do voto oposicionista seja diferente nas três casas legislativas (maior no Senado Federal, menor nas Assembleias Legislativas estaduais), ele é praticamente constante; *iii*) ao fim da primeira série temporal (1982), a oposição controla em torno de 50% do eleitorado, enquanto o partido da situação, 36%; e *iv*) o único momento em que a série se modifica (1970) corresponde ao crescimento dos votos nulos e em branco, a forma possível que, naquela conjuntura, o protesto contra o regime assumiu. Daí que em 1979 o "reconhecimento da impossibilidade do governo assegurar uma sólida base de apoio parlamentar tornou imperativa a dissolução do sistema bipartidário"[287].

É provável, como argumentou Lamounier[288], que a arena eleitoral tenha sido mais importante no caso brasileiro do que em outros

[287] Maria D'Alva Gil Kinzo, *Oposição e autoritarismo*. Gênese e trajetória do MDB: 1966-1979. São Paulo: Vértice, 1988, p. 224.

[288] Bolívar Lamounier, "*Authoritarian Brazil* revisitado: o impacto das eleições na abertura política brasileira", *op. cit.*

processos de transição política na América Latina. Há que se levar em conta, porém, o outro lado da moeda. Nem todas as classes ou camadas encontraram, como salientou Saes, o lugar privilegiado para se oporem ao regime ditatorial na cena político-partidária, já que o MDB, o partido contrário ao governo, manteve-se praticamente afastado dos movimentos populares. O instrumento da classe operária foi o sindicato. Assim, a forma de "ação oposicionista mais eficaz [...] não foi o voto, e sim a greve"[289].

A Tabela 3 é um indicativo para que se possa medir a dissociação da sociedade do regime e de seu modelo econômico.

Tabela 3. **Número total de greves, número médio de trabalhadores parados, jornadas não trabalhadas e média de dias parados, nas regiões urbanas (Brasil, 1978-1987)**

ano	total de greves	número médio de trabalhadores parados	jornadas não trabalhadas	média de dias parados
1978	118	1.868	2.162.903	6,5
1979	246	9.777	26.627.083	6,6
1980	144	9.012	24.225.695	7,4
1981	150	6.107	6.545.003	8,8
1982	144	4.934	6.967.215	5,9
1983	347	3.689	28.407.743	4,4
1984	492	2.946	13.311.365	3,9
1985	619	11.016	90.637.512	6,3
1986	1.004	5.181	49.525.864	5,8
1987	2,193	4.187	132.445.423	8,2

Fonte: NEPP. Brasil 1987: *Relatório da situação social do país*. Campinas: Núcleo de Estudos de Políticas Públicas da Universidade Estadual de Campinas, 1989, p. 129-131. (Dados selecionados a partir das Tabelas 1, 2, 3 e 4).

Nota: Em relação ao número médio de trabalhadores parados, foram contabilizados os trabalhadores da indústria; trabalhadores da construção civil; assalariados de classe média; trabalhadores do setor de serviços e outras categorias profissionais.

289 Décio Saes, *Classe média e sistema político no Brasil*. São Paulo: T. A. Queiroz, 1984, p. 227.

Em paralelo à evolução da oposição partidária, os dois últimos governos militares tiveram de enfrentar uma forma mais moderna de organização política, o "novo sindicalismo"[290]. Esse desafio insere-se em um contexto ligado ao processo de reestruturação do sistema de representação de interesses da sociedade junto ao Estado. Por ora, basta notar que a dinâmica sindical se cruza, nessa conjuntura, com a dinâmica político-partidária sem que haja, no entanto, uma relação de determinação entre elas.

Ao observar apenas a coluna "total de greves" da Tabela 3, pode-se supor que, nesse intervalo de dez anos (*i.e.*, 1978-1987), a transformação de 118 paralisações (1978) em 2.193 (1987) deva ter tido sua função no processo de conversão do regime. A informação mais importante é, contudo, o aumento em quase dez vezes do número de trabalhadores parados entre 1978 e 1979. Embora exagerando o argumento, Diniz[291] parece ter razão ao afirmar que a abertura política é o resultado de duas dinâmicas que atuam simultaneamente no sistema político: a dinâmica das *negociações* no universo das elites e a dinâmica das *pressões* da sociedade (camadas médias, classe operária) sobre o Estado militar. Talvez seja o caso de sugerir que a primeira dinâmica estabeleceu o conteúdo, definiu o modo e impôs a natureza da transição, enquanto a segunda determinou o seu ritmo.

---

[290] Em resumo, o "novo sindicalismo" consistia numa maneira diferente de organização dos trabalhadores em relação ao sindicato oficial de Estado (criado no período posterior a 1930) e também numa maneira diferente de apresentar reivindicações salariais. O ponto fundamental era a tentativa de negociar a questão diretamente com os empresários, sem a mediação do Ministério do Trabalho. Para uma análise geral da evolução do novo sindicalismo, da década de 1970 para a de 1980, v. Margareth Keck, "O 'novo sindicalismo' na transição brasileira". *In:* Alfred Stepan (org.), *Democratizando o Brasil*. Rio de Janeiro: Paz e Terra, 1988. Ao lado desse fenômeno surgiram, no final dos anos setenta, novos movimentos sociais urbanos. Uma boa perspectiva histórica dessa questão pode ser lida em Götz Ottmann, "Movimentos sociais urbanos e democracia no Brasil: uma abordagem cognitiva". *Novos Estudos Cebrap*, vol. 41, 1995, pp. 186-207.

[291] Eli Diniz, "A transição política no Brasil: perspectivas para a democracia". *Sociedade e Estado*, vol. 1, n. 2, 1986, pp. 65-88.

As razões da mudança política: um regime em crise perene

Os processos políticos que estão na base da reforma do regime ditatorial em 1974 não são idênticos aos que presidiram sua origem em 1964[292]. Cada um deles corresponde a uma crise política específica, mas tendo as Forças Armadas como protagonista.

Se pudermos associar o surgimento das ditaduras na América Latina a dois tipos de fatores, um de natureza estrutural – elas corresponderiam à necessidade de reorganizar o modelo de acumulação capitalista na periferia[293] – e outro de natureza conjuntural – a percepção pelos militares brasileiros de uma situação de caos social e desordem burocrática que exigia sua intervenção[294] –, é preciso recordar que a razão para mudar em 1974 a forma de governo, obedece a dificuldades internas do próprio regime militar. Dificuldades essas que têm origem no ramo militar do aparelho do Estado[295], repercutem nas Forças Armadas e se ampliam a partir delas para outros aparelhos e ramos. Daí que não se deva associar o propósito reformista de Geisel-Golbery a motivos mais globais do tipo "crise econômica" ou "crise social". A crise econômica (medida, por exemplo, pelo aumento da inflação e desequilíbrio do balanço de pagamentos) foi paralela à autorreforma da ditadura. E a crise social (representada tanto pelos resultados negativos da política de distribuição de renda, quanto pela reação a ela, as greves) foi revelada pelos efeitos liberalizantes da política de autorreforma da ditadura.

---

292 Luciano Martins, "A política (e os limites) da 'abertura'", *op. cit.*, p. 19,

293 Guillermo O'Donnell, Reflexiones sobre las tendencias de cambio del Estado burocrático-autoritário, *op. cit.*

294 Ver Glaucio Ary Dillon Soares, "O golpe de 64". *In:* Glaucio Ary Dillon Soares e Maria Celina D'Araujo (orgs.), *21 anos de regime militar*: balanços e perspectivas. Rio de Janeiro: Fundação Getúlio Vargas, 1994. Para uma formalização elegante dessa explicação ver Barbara Geddes, "O que sabemos sobre democratização depois de vinte anos?", *op. cit.*, pp. 233-235.

295 Ver René Dreifuss e Otávio Dulci, "As Forças Armadas e a política". *In:* Bernardo Sorj e Maria Hermínia Tavares de Almeida (orgs.), *Sociedade e política no Brasil pós-64*. São Paulo: Brasiliense, 1983.

O que não significa dizer que o regime ditatorial-militar tenha sido estável. No Brasil, o regime nunca alcançou um estado ótimo de equilíbrio entre militares reacionários, políticos liberais e líderes conservadores. Tampouco obteve consenso entre os próprios militares, visto que a existência de diversos grupos rivais nas Forças Armadas denunciava a presença de vários projetos ideológicos, principalmente sobre a natureza, provisória ou duradoura, e os objetivos, amplos ou restritos, de sua intervenção na vida política nacional depois de 1964[296].

Por isso mesmo, o regime brasileiro teve dificuldade para encontrar uma fórmula institucional definitiva. Foi um regime em crise permanente, como frequentemente ocorre nessas formas políticas de exceção[297]. A própria ausência de uma regra clara para a sucessão de chefes militares na Presidência é um indício do conflito insolúvel entre um modelo político que pretende preservar sua imagem civilizada, já que não quer recorrer à figura clássica do "ditador latino-americano", e a impossibilidade de "civilizar" o comando do Estado, isto é, transferir a um político civil confiável o posto de presidente da República.

Os problemas clássicos do consenso e da coerção – o grau de consentimento da sociedade e a intensidade da repressão por parte do Estado – foram também razão e expressão das dificuldades para criar instituições políticas próprias do regime ditatorial. O descontrole sobre os "porões" (CENIMAR, DOPS, DOI-CODI[298]), ainda que aparecesse como "anarquia" (conforme a percepção de Gaspari, por exemplo), era a forma mais ou menos normal, ou possível, naquela conjuntura, de combater uma oposição real (a luta armada) ou imaginária ("os comunistas"). Por sua vez, o custo para produzir um consenso ativo que se aproximasse da legitimidade ficava muito dependente

---

[296] Sobre esse ponto ver o capítulo 3 ("A natureza militar da ditadura brasileira").

[297] Cf. Nicos Poulantzas, *La crise des dictatures, op. cit.*

[298] Centro de Informações da Marinha; Delegacia de Ordem Política e Social; Destacamento de Operações de Informações – Centro de Operações de Defesa Interna.

dos ciclos de expansão econômica, sendo as campanhas publicitárias pró-ditadura e a "educação moral e cívica" modestíssimos exemplos de fabricação de uma cultura autoritária dominante e efetiva, em tudo diferente aqui, portanto, da exaltação nacionalista varguista.

Em suma, penso que a ausência de ordem/hierarquia entre os ramos do aparelho do Estado e a precariedade de um sistema próprio de justificação ideológica (*à la* Estado Novo) decorreu basicamente de três problemas combinados: *i*) da dificuldade em construir uma estrutura "racional" para tomada de decisões, como sugerem as frequentes reformas administrativas do Estado; *ii*) da falta de coerência e coesão ideológicas entre os diversos grupos, civis e militares, que comandavam a política nacional[299], e *iii*) da inexistência de regras claras e fixas para a evolução institucional, cujo sintoma mais aparente era a incerteza sobre quem comandaria o governo, como o poder seria exercido e em que direção o regime deveria caminhar[300].

Em vista disso, pode-se presumir que o objetivo estratégico da reconversão liberal do regime militar era a institucionalização de uma série de dispositivos autoritários[301] que, uma vez encerrado o ciclo dos generais, garantissem legitimidade e estabilidade a um novo modelo político que nem fosse populista, nem plenamente democrático, exatamente em função dos riscos do segundo converter-se de novo no primeiro, como tinha sido o caso, na visão das Forças Armadas, do regime da Constituição de 1946.

---

[299] Entre os militares havia os internacionalistas, adeptos de uma economia de mercado mais "aberta", e os nacionalistas de direita, partidários de uma "economia nacional" industrialmente desenvolvida. Uma ala civil liberal apoiara o golpe de Estado e via no aprofundamento da repressão política, em 1968, um "desvio autoritário" dos seus propósitos originais. Nessa visão, o golpe era uma "contrarrevolução" que barrou "a implantação de uma república sindicalista no País, com o apoio ostensivo do governo de [Fidel] Castro". 30 anos depois. *O Estado de S. Paulo*, 31 março 1994, Editorial, p. A3.

[300] Sobre esse último ponto é ilustrativo o depoimento do general Hugo Abreu, *O outro lado do poder*. 2ª. ed. Rio de Janeiro: Nova Fronteira, 1979.

[301] João Quartim de Moraes, *Les militaires et les régimes politiques au Brésil de Deodoro à Figueiredo, op. cit.*, p. 766.

O sentido da mudança política: a institucionalização do autoritarismo

Os governos militares brasileiros não inventaram suas próprias instituições político-representativas como um partido mobilizador de massa. A reforma partidária de 1965 (o AI-2) limitou-se a cancelar os registros das antigas agremiações criadas após o período do Estado Novo, reorganizando as facções pró-regime e antirregime em apenas duas siglas, respectivamente: Arena e MDB. Da mesma forma, o sistema de representação de interesses não se orientou na direção de um corporativismo "clássico" (como havia sido tentado pela Constituição de 1934), mas também não conseguiu encontrar a fórmula ideal para refazer, num contexto antiliberal, as conexões entre sociedade e Estado. Nesse caso em especial, as ligações entre setores do empresariado e determinados centros decisórios no aparelho do Estado foram aprofundadas nas administrações Costa e Silva e Médici de acordo com o mesmo modelo dos conselhos técnicos do autoritarismo varguista. Contudo, esse esquema, pelas distorções que criava no sistema estatal (balcanização, fragmentação, entropia etc.), foi revogado no governo Geisel, mas restaurado e ampliado no governo Figueiredo[302].

Se essas evidências indicam a precariedade da ditadura para edificar uma estrutura jurídico-política, não significam que o Brasil tenha vivido uma mera "situação autoritária"[303]. Tampouco a crises periódicas e a instabilidade característica do regime ditatorial daí derivada são um índice do caráter transitório ou incipiente do modelo político. Há duas confusões nesse raciocínio. Uma que associa inconstância a baixa institucionalização e outra que vincula instituições ao processo

---

302 Adriano Nervo Codato, *Sistema estatal e política econômica no Brasil pós-64, op. cit.*, cap. IV.

303 Juan Linz, "The Future of an Authoritarian Situation and the Institutionalization of an Authoritarian Regime: The Case of Brazil". *In:* Alfred Stepan (ed.), *Authoritarian Brazil*: Origins, Policies, and Future. Baltimore: Johns Hopkins University, 1973.

de institucionalização. A presença ou ausência de certas instituições é menos importante que a função que elas cumprem na dinâmica política concreta. Tome-se o caso do sistema bipartidário. Concebido para discriminar e controlar aliados e dissidentes, seu funcionamento, uma vez estabelecido um calendário eleitoral mais ou menos fixo e postos alguns cargos políticos à disposição da concorrência eleitoral, foi um fator, ao longo do tempo, tanto de estabilidade (até 1974) quanto de instabilidade para o regime (de 1974 em diante)[304].

Contudo, como os principais cargos do Executivo nunca estiveram em disputa (Presidência da República, governo dos estados, prefeituras das capitais), as crises políticas que a dinâmica eleitoral produziu não foram suficientes para revogar o traço fundamental do regime ditatorial, o monopólio político do governo nacional pelas Forças Armadas. A impossibilidade da alternância no poder entre grupos civis (mesmo os mais conservadores) e militares é a referência mais segura da institucionalização da ditadura. Quando, no início do governo Geisel, há um impulso para a modificação do regime, não se trata de "um projeto de institucionalização do regime autoritário, que prevê medidas liberalizantes, mas apenas na medida em que sirvam a esse propósito"[305]. Trata-se da institucionalização do autoritarismo, ou mais exatamente, da institucionalização de certos dispositivos de controle da sociedade pelo Estado. Nas palavras tortuosas do presidente-general Ernesto Geisel:

> "Os instrumentos excepcionais de que o governo se acha armado para manutenção da atmosfera de segurança e de ordem [...] almejo vê-los não tanto em exercício duradouro ou frequente, [mas] antes como potencial de ação repressiva ou de contenção mais enérgica e, assim mesmo, até que

---

[304] É o caso, por exemplo, das eleições para o Senado Federal que assumiram um caráter plebiscitário contra o regime. Ver a Tabela 1.

[305] Sebastião Velasco e Cruz & Carlos Estevam Martins, "De Castello a Figueiredo: uma incursão na pré-história da 'abertura'". *In:* Bernardo Sorj e Maria Hermínia Tavares de Almeida (orgs.). *Sociedade e política no Brasil pós-64*. 2.a ed. São Paulo: Brasiliense, p. 46.

se vejam superados pela imaginação política criadora, capaz de instituir, quando for oportuno, salvaguardas eficazes e remédios prontos e realmente eficientes dentro do contexto institucional" (Discurso de Geisel define os rumos do país. *O Estado de S. Paulo*, 19 agosto 1974, p. 5).

A imaginação política criadora posta em prática deu no seguinte: em outubro de 1978 o Congresso Nacional aprovou a Emenda Constitucional n. 11 à Constituição de 1967 que conjugava reformas políticas com a permanência das "salvaguardas eficazes". Ela abolia o Ato Institucional n. 5, restabelecendo o *habeas corpus*, suspendia a censura prévia para rádios e TV, revogava as penas de morte e prisão perpétua, restaurava a independência do Judiciário etc. Mas também garantia, ao mesmo tempo, os poderes discricionários do Executivo. No lugar do AI-5 foram introduzidas na Constituição certas "salvaguardas para a defesa do Estado" tais como o estado de emergência. Excluída a necessidade de consultas prévias ao Congresso, o estado de emergência poderia ser decretado pelo próprio presidente da República. Ao contrário do que ocorria no AI-5, o presidente não estava autorizado a legislar, mas a imunidade parlamentar não foi totalmente restabelecida. Embora o chefe do Executivo não mais pudesse cassar mandatos e suspender direitos políticos, os parlamentares seriam processados pela ditadura nos casos de "crimes contra a segurança nacional"[306].

Esse problema da institucionalização de dispositivos autoritários de controle do poder de Estado, diante da possibilidade de perda de comando do processo político em função de um possível, mas ainda incerto, relaxamento dos controles repressivos, estava na ordem do dia desde o início da década de 1970. Quando assumiu o governo, o grupo do general Geisel já havia descartado tanto um regime corporativista,

---

306 Cf. a íntegra da legislação em *O Estado de S. Paulo* de 21 de setembro de 1978. Essas reformas institucionais, que deveriam entrar em vigor em 15 de março de 1979, foram antecipadas para 1º de janeiro, antes mesmo da posse do novo presidente.

que os assessores de Médici haviam defendido em 1970-1971, quanto a transformação da Aliança Renovadora Nacional num partido dominante, ao estilo do PRI mexicano, conforme a ideia proposta por Samuel Huntington[307]. A opção que prevaleceu foi implantar uma forma de governo mais estável, previsível e controlada, em que o sistema de partidos e a rotina eleitoral, que surpreendentemente haviam se convertido, na década de setenta, num meio poderoso de protesto contra o regime, não pusesse em xeque o autoritarismo, nem desse oportunidade aos "excessos" do período populista, representados pelo avanço da mobilização popular sob o comando de lideranças "carismáticas e demagógicas".

Feitas as contas, quando se consideram a natureza conservadora do processo de transição no Brasil, seus meios autoritários e seus objetivos restritos, não surpreendem as razões do continuísmo do mesmo grupo no poder após 1985, ainda que às custas de seu transformismo político. Nem o fato de que todo o processo de reforma tenha sido dirigido e executado pela mesma associação de políticos profissionais e generais autoritários. A longevidade da tríade Arena-PDS-PFL na cena política[308] não deixa esquecer que não houve uma verdadeira substituição dos grupos ligados à ditadura, mas uma reacomodação no universo das elites, tendo as Forças Armadas passado para o fundo do palco, sem contudo perderem suas prerrogativas, como o poder de veto, por exemplo[309].

[307] Thomas Skidmore, The Politics of Military Rule in Brazil, *op. cit.*, p. 321.

[308] Para uma visão mais detalhada do sucesso eleitoral dos partidos de direita no Brasil nesse período, ver Scott Mainwaring, Rachel Menegello e Timothy Power, *Partidos conservadores no Brasil contemporâneo*: quais são, o que defendem, quais são suas bases. São Paulo: Paz e Terra, 2000.

[309] Carvalho argumenta, a meu ver com razão, que "As Forças Armadas brasileiras não foram obrigadas a aceitar um papel radicalmente diferente daquele assumido na fase autoritária, quando elas tiveram maiores responsabilidades na implementação de políticas públicas e no condicionamento da postura dos demais atores". Aloysio Carvalho, "Geisel, Figueiredo e a liberalização do regime autoritário (1974-1985)". *Dados*, vol. 48, n. 1, 2005, p. 136.

O governo Sarney (1985-1990) foi a expressão máxima desse círculo de ferro que controlou com sucesso a mudança política no Brasil. Recorde-se que as palavras de ordem da Aliança Democrática, "conciliação" e "pacto social", neutralizaram tanto a oposição ao regime ditatorial surgidos na conjuntura 1977-1980 (greves operárias, movimentos sociais de base e protestos empresariais contra a "intervenção do Estado na economia"), quanto a campanha pelas eleições diretas para presidente da República em 1984. O resultado foi o aperfeiçoamento de um regime antipopulista e antipopular ou, como o denominou Fernandes, uma "democracia forte", isto é, uma forma política nem explicitamente ditatorial, a ponto de ser combatida como tal, nem plenamente democrática e liberal[310].

A década de oitenta consumou, assim, os sonhos dos generais: uma "democracia relativa", na expressão de Geisel. Logo, seria mais correto caracterizar o governo Sarney não como um governo "de transição" para a democracia ou um governo "misto" (semidemocrático ou semiditatorial), mas o último governo, civil, do ciclo de governos não democráticos no Brasil[311]. Saes argumentou justamente que seria possível pensar desse modo desde que se desistisse de analisar "separadamente, isto é, uma a uma, as 'instituições políticas' reintroduzidas a partir da 'abertura', [deixando] de lado a questão do tipo de relação mantida entre essas 'instituições' e as demais"[312].

Uma série de liberdades políticas ou instituições tipicamente democráticas podem estar presentes mesmo em um regime ditatorial. A questão central é a função precisa que, por exemplo, o

---

[310] Florestan Fernandes, *A ditadura em questão*. São Paulo: T. A. Queiroz, 1981, p. 10.

[311] A sugestão para caracterizar o regime brasileiro como um regime misto, em que se encontram combinadas instituições liberais e instituições autoritárias, é de Carlos Estevam Martins, *Capitalismo de Estado e modelo político no Brasil*. Rio de Janeiro: Graal, 1977.

[312] Décio Saes, "O processo político brasileiro, da 'Abertura' à 'Nova República': uma 'transição para a democracia' (burguesa)?" *Teoria & Política*, n. 9, 1988, p. 18.

pluripartidarismo ou as eleições majoritárias desempenham. No governo Sarney, essas instituições cumpriram a função de "ocultar o caráter em última instância militarizado do processo decisório estatal"[313]. Zaverucha, nessa mesma linha, demonstrou, de forma convincente, que o governo Sarney manteve as prerrogativas políticas dos militares e "os enclaves autoritários dentro do aparelho de Estado", contribuindo para o estabelecimento de uma "democracia tutelada"[314].

Essa proposição tem duas implicações analíticas. Não só a *liberalização* do regime ditatorial não se confunde com a *democratização* do sistema político, mas essa liberalização imposta pelas cúpulas militares foi "mais um fator de continuidade que um fator de colapso da ditadura"[315]. Não houve propriamente uma ruptura com o autoritarismo, mas uma transformação – lenta, segura e gradual – da forma de governo. McSherry sustentou que as instituições militares

---

313 *Idem, ibid.*, p. 19.

314 Ver Jorge Zaverucha, "Relações civil-militares no primeiro governo da transição brasileira: uma democracia tutelada". *Revista Brasileira de Ciências Sociais*, vol. 9, n. 26, 1994, pp. 162-178. Para a função "tutelar" das Forças Armadas, v. Eliézer Rizzo de Oliveira, "O aparelho militar: papel tutelar na Nova República". *In*: João Quartim de Moraes, Wilma Perez Costa e Eliézer Rizzo de Oliveira (orgs.), *A tutela militar*. São Paulo: Vértice, 1987. Para uma visão comparativa desse problema entre Brasil, Argentina e Espanha v. Jorge Zaverucha, "As prerrogativas militares nas transições brasileira, argentina e espanhola". *Revista Brasileira de Ciências Sociais*, vol. 7, n. 19, 1992, pp. 56-65. Alexandre Barros criticou, durante os debates na Assembleia Nacional Constituinte em 1988, as visões juridicistas sobre a função "constitucional" das Forças Armadas e as tentativas formalistas de impedir, pela via legal, intervenções políticas ou golpes militares. Ver "Problemas de transição democrática na frente militar: a definição do papel dos militares, a mudança da doutrina e a modernização do país". *Política e Estratégia*, vol. 6, n. 2, 1988, pp. 206-214. Héctor Saint-Pierre e Suzeley Kalil Mathias reuniram uma série de estudos sobre o sucesso ou insucesso do controle dos militares pelos civis durante os processos de mudança política em sete países da América Latina. Ver *Entre votos e botas*: as Forças Armadas no labirinto latino-americano do novo milênio. São Paulo: UNESP, 2001.

315 Florestan Fernandes, *A ditadura em questão*, *op. cit.*, p. 28.

latino-americanas conservaram a cultura organizacional da Guerra Fria e a ideologia da segurança nacional. No Brasil, os princípios da Lei de Segurança Nacional ainda continuam em vigor e a Constituição Federal de 1988 assegurou as funções das Forças Armadas para manter "a lei e a ordem" no País[316].

Uma democracia autoritária

Na década de 1990, a maior parte das análises sobre a democratização do regime dissociou as transformações político-institucionais das alterações dos aparelhos estatais.

A discussão voltou-se para algumas questões muito específicas, como por exemplo a estrutura dos partidos e seu baixo grau de institucionalização, o sistema de partidos e seu alto grau de fragmentação, o sistema eleitoral e sua fórmula disfuncional (proporcional com lista aberta), o federalismo e a competição entre as unidades nacionais, a forma de governo presidencialista e suas impropriedades, as relações intergovernamentais entre o Executivo e Legislativo etc. O foco quase exclusivo da literatura apenas sobre a cena política colocou no primeiro plano do debate o tema (conservador) da governabilidade, que, inspirado por uma definição minimalista da democracia, se tornou o problema fundamental do processo de governo, obscurecendo o problema da transformação do sistema estatal e da função das Forças Armadas.

---

[316] J. P. McSherry, "Military Political Power and Guardian Structures in Latin America". *Journal of Third World Studies*, vol. 12, n. 1, 1995, pp. 80-119. De acordo com o Art. 142 da Constituição de 1988 da República Federativa do Brasil, "As Forças Armadas, constituídas pela Marinha, pelo Exército e pela Aeronáutica, são instituições nacionais permanentes e regulares, organizadas com base na hierarquia e na disciplina, sob a autoridade suprema do presidente da República, e destinam-se à defesa da Pátria, à garantia dos poderes constitucionais e, por iniciativa de qualquer destes, da lei e da ordem". Ver Constituição da República Federativa do Brasil de 1988 https://www.planalto.gov.br/ccivil_03/constituicao/constituicao.htm. Acesso em: 27 jan. 2023.

A questão do Estado e da sua crise esteve mais associada ao problema da eficiência dos gastos públicos e sua solução, a "reforma do Estado", a uma perspectiva mais administrativa (ou "gerencial"[317]) que a aspectos essenciais da reconfiguração das relações de força/ /influência do sistema estatal e dos seus aparelhos de poder. De certa forma, a preocupação com a capacidade do presidente de tomar decisões e implementá-las[318] sobrepôs-se às preocupações com o próprio figurino do poder Executivo, ou melhor, com os deslocamentos internos das relações de força entre os aparelhos do Estado, relegando ao segundo plano a identificação dos novos centros de poder real e dos seus controladores e suas conexões com os interesses sociais.

Uma dimensão importante da herança institucional da ditadura militar para os governos da década de 1990 foi a permanência de núcleos de poder específicos no Estado brasileiro, dotados de grande independência e nenhum controle político (*i.e.*, parlamentar) ou social (*i.e.*, público). Nos dois governos de Fernando Henrique Cardoso (1995-1998; 1999-2002) houve três expressões do fenômeno. Na área econômica continuou vigorando, assim como no arranjo ditatorial, o esquema do "superministério", agora representado pela tríade Banco Central, Conselho de Política Monetária e Ministério da

---

317 V., a propósito, Bresser-Pereira, para quem a mudança na forma de gestão da "administração pública" foi correlata à democratização do sistema político: "Em síntese, no plano político transitamos do Estado oligárquico ao Estado democrático (de elites); no administrativo, do Estado patrimonial ao Estado gerencial". Luiz Carlos Bresser-Pereira, "Do Estado patrimonial ao gerencial". *In*: Paulo Sérgio Pinheiro, Ignacy Sachs e Jorge Wilheim (orgs.), *Brasil*: um século de transformações. São Paulo: Companhia das Letras, 2001, p. 2.

318 De acordo com Vicente Palermo, há na literatura quatro interpretações sobre o processo legislativo e, desse modo, sobre a natureza do novo regime político: (*i*) o Presidente concorre com o Congresso Nacional; (*ii*) o Presidente exclui o Congresso; (*iii*) o Presidente obriga o Congresso a cooperar; (*iv*) o Presidente negocia com o Congresso. Neste último caso, a governabilidade depende da formação de coalizões amplas. Ver "Como se governa o Brasil? O debate sobre instituições políticas e gestão de governo". *Dados*, vol. 43, n. 3, 2000, pp. 521-557.

Fazenda[319]. Na área militar foram mantidos três feudos burocráticos: o Gabinete de Segurança Institucional (antiga Casa Militar), a Agência Brasileira de Inteligência (ABIN, antigo Serviço Nacional de Informações (SNI)) e a Justiça Militar[320]. Por fim, na área "empresarial", *i.e.*, naqueles aparelhos de Estado em que, por sua natureza ou competência, se administram os interesses do mercado (política de privatizações, de comércio exterior, de comunicações, de educação etc.), a regra foi o contato direto de representantes influentes do mundo dos grandes negócios com decisores estratégicos, mecanismo muito pouco transparente e que, a propósito do regime autoritário, Cardoso conceituou como "anéis burocráticos"[321].

Se esse paralelismo entre certos aspectos da organização do sistema estatal em dois regimes diferentes não for apenas formal, como realmente parece não ser, por que ele ocorre?

---

[319] Loureiro e Abrucio observaram que "[...] o Ministério da Fazenda tornou-se o principal núcleo de poder do gabinete presidencial brasileiro, especialmente no primeiro governo Fernando Henrique Cardoso". Para os autores, porém, isso decorre das exigências da governabilidade. Para contornar os efeitos do clientelismo, já que a distribuição de cargos é o método por excelência para garantir a maioria parlamentar, o Ministério da Fazenda deve ser elevado "a órgão superior e controlador do gabinete [ministerial como um todo], espalhando sua lógica de atuação pelos [demais] ministérios por meio de mecanismos formais e informais". Maria Rita Loureiro e Fernando Luiz Abrucio, "Política e burocracia no presidencialismo brasileiro: o papel do Ministério da Fazenda no primeiro governo Fernando Henrique Cardoso". *Revista Brasileira de Ciências Sociais*, vol. 14, n. 41, 1999, pp. 70 e 85, respectivamente.

[320] Sobre a autonomia e o grau de militarização da ABIN, ver Priscila Carlos Brandão Antunes, *SNI & ABIN*: uma leitura da atuação dos serviços secretos brasileiros ao longo do século XX. Rio de Janeiro: Fundação Getúlio Vargas, 2002. A respeito da atuação do Superior Tribunal Militar e as dificuldades daí decorrentes para uma democratização efetiva, ver Jorge Zaverucha e Hugo Cavalcanti Melo Filho, "Superior Tribunal Militar: entre o autoritarismo e a democracia". *Dados*, vol. 47, n. 4, 2004, pp. 763-797.

[321] Fernando Henrique Cardoso, *Autoritarismo e democratização*. 2ª. ed. Rio de Janeiro: Paz e Terra, 1975.

Esse padrão não democrático da relação Estado-sociedade permaneceu por uma razão básica. Quando se inspeciona a agenda que vigorou no governo Cardoso, destacam-se as reformas orientadas para o mercado, isto é, privatizações de empresas estatais, desregulamentações de esferas antes reguladas pelo Estado, controle rigoroso da inflação e do déficit público, redimensionamento dos gastos sociais (nas áreas de educação, saúde e previdência), abertura comercial e financeira etc. Na verdade, as reformas econômicas prescindiram de uma verdadeira reforma política que aumentasse a representação e de uma reforma do Estado que favorecesse a participação. Ou melhor, as reformas neoliberais tiveram como precondição o arranjo autoritário dos processos de governo e a ausência de responsabilidade dos governantes. Daí que sua implementação não combinou com as exigências de ampliação da cidadania e controle social sobre o Estado, suas burocracias e aparelhos de poder. Houve uma complementaridade entre o discurso ideológico liberal e as práticas políticas autoritárias.

Post scriptum em 2023: a impossibilidade de enquadrar politicamente os militares na democracia da Nova República permitiu não só que as contradições presentes no processo histórico aqui descrito ressuscitassem no governo Bolsonaro (2019-2022), mas se agravassem. Os juristas da ditadura rememoraram o artigo 142 da Carta de 1988 para constitucionalizar um *pronunciamiento* militar contra o Legislativo e o Judiciário sob a direção de um Executivo comandado pela extrema-direita militar, justamente aquela que fora derrotada (agora se vê, provisoriamente) na demissão do Ministro do Exército Sylvio Frota em 1977 e rendida pela política de abertura do regime de 1979 em diante.

POSFÁCIO

A extrema departamentalização das nossas universidades não tem implicações apenas burocráticas, mas acaba se refletindo na conversa que os pesquisadores oriundos de diversas áreas mantêm entre si. Um mesmo tema – no caso deste livro, o golpe de 1964 e o regime que se seguiu a ele – acaba sendo analisado a partir de pressupostos e agendas de pesquisa completamente estranhos entre si. Até aí tudo bem, é preciso dividir para conhecer. O problema é quando os resultados ficam estanques nas respectivas áreas, para conforto dos feudos universitários, alimentando preconceitos recíprocos, para azar do conhecimento. Neste sentido, o livro de Adriano Codato é uma ponte fundamental entre dois campos que tradicionalmente estudam a política brasileira pós-1964, mas que nem sempre conversam entre si: a *Ciência Política* e a *História*. Em tempo, conversar não significa necessariamente concordar. Discordar, por outro lado, não significa desqualificar.

Nos nove ensaios que constituem esse livro, Codato vai além do clássico casamento entre a História e a Ciência Política, que limita a primeira à produção de dados empíricos e a segunda à análise de dados a partir de modelos normativos. História e Ciência Política, na perspectiva do autor, se retroalimentam, fazendo com que os processos sociais e políticos ancorados na diacronia se conectem a modelos teóricos e rigor conceitual. O ganho recíproco é notório. Ao invés de se utilizar de processos históricos e análises conjunturais para calibrar modelos de análise, Codato se utiliza de modelos para produzir conhecimento histórico efetivo.

No caso dos estudos sobre o golpe de Estado e o regime militar, arrisco dizer que os historiadores têm produzido poucas análises políticas globais, concentrando-se no estudo de temas específicos, como a repressão, a guerrilha, os movimentos sociais e culturais. Via de regra, os modelos explicativos para os processos políticos fundamentais foram produzidos por autores vindos da Ciência Política, como Alfred Stepan, René Dreifuss, Maria Helena Moreira Alves, Argelina Figueiredo, entre outros. Nota-se um retorno à História Política por parte de vários historiadores, mas o volume de trabalhos ainda não abalou esses modelos explicativos globais. Entretanto, esta é uma questão paroquial de menor importância, pois o fundamental é adensar o conhecimento sobre o golpe e o regime, fazendo com que a História e a Ciência Política conversem de maneira orgânica. Este é o mérito principal dos ensaios deste livro.

Neles, o leitor encontra perspectivas efetivamente inovadoras sobre o período. Codato analisa de maneira original e brilhante os processos e formações políticas da ditadura, casando a erudição informativa e o rigor conceitual.

O estudo sobre a ideologia das camadas médias que protagonizaram as "Marchas" contra João Goulart, além de iluminar tendências conservadoras ainda hoje presentes nesses grupos, consegue apontar variáveis regionais que motivaram as várias "Marchas" que se constituíram em senhas para o golpe de Estado.

Além disso, Codato produz análises originais sobre o significado da crise de 1968 que culminou no AI-5, seguindo as pistas de João Roberto Martins Filho, ao explorar o famigerado Ato como produto da convergência, e não do conflito, de perspectivas entre militares "duros" e "moderados", contrariando a memória consagrada (e sancionada por muitos analistas acadêmicos, diga-se). O conjunto de artigos sobre o sistema decisório durante a ditadura é outro momento fundamental destes ensaios. Mobilizando dados empíricos e recursos teóricos, Codato fornece argumentos centrais que demonstram a fragilidade teórica do debate atual, calcado na suposta natureza híbrida do regime "civil-militar" ou na existência de uma ditadura "apenas" entre 1968 e 1979 durante a vigência do AI-5. Os capítulos demonstram que a definição do regime não deve estar presa aos fenômenos de percepção da violência direta do Estado ou da memória sobre a liberdade de expressão vigente. Para o autor, trata-se de uma "ditadura militar" com todas as letras, mas que não dispensou, obviamente, a presença civil entre seus burocratas e ministros, reorganizando o sistema decisório estatal e tutelando o sistema político com implicações que vão além de 1985, ano em que os governos dos generais-presidentes então deixaram de existir. O ensaio final sobre a transição política (capítulo 9) é, sem dúvida, um dos textos mais esclarecedores sobre a natureza da "abertura", muitas vezes mistificada pela memória liberal, demonstrando que o projeto que a informava era menos a volta da democracia em si e mais a institucionalização do autoritarismo.

Enfim, por todas essas razões acadêmicas e teóricas aqui brevemente sintetizadas, os nove ensaios sobre a ditadura são uma leitura obrigatória. Eles fundamentam análises que vão além dos debates históricos que ainda se pautam na luta do bem contra o mal, bem como para além das armadilhas da memória e seus revisionismos que insistem que o monstro não era tão feio assim.

MARCOS NAPOLITANO
Departamento de História
Universidade de São Paulo